浙江省社科联社科普及课题成果

身边的互联网金融

陈　飞 编著

图书在版编目(CIP)数据

身边的互联网金融 / 陈飞编著. —杭州 :浙江工商大学出版社，2016.5

ISBN 978-7-5178-1658-4

Ⅰ. ①身… Ⅱ. ①陈… Ⅲ. ①互联网络—应用—金融—研究 Ⅳ. ①F830.49

中国版本图书馆 CIP 数据核字(2016)第 115405 号

身边的互联网金融

陈　飞　编著

责任编辑　张爱珍　白小平
责任校对　张春琴
封面设计　林朦朦
责任印制　包建辉
出版发行　浙江工商大学出版社
(杭州市教工路 198 号　邮政编码 310012)
(E-mail:zjgsupress@163.com)
(网址:http://www.zjgsupress.com)
电话:0571-88904970,88831806(传真)
排　　版　杭州朝曦图文设计有限公司
印　　刷　杭州恒力通印务有限公司
开　　本　710mm×1000mm　1/16
印　　张　13
字　　数　228 千
版 印 次　2016 年 5 月第 1 版　2016 年 5 月第 1 次印刷
书　　号　ISBN 978-7-5178-1658-4
定　　价　38.00 元

浙江工商大学出版社营销部邮购电话　0571-88904970

前　言

随着互联网的快速发展，消费行为由实体转向网络，经济领域从科技拓展到金融，互联网与民生的结合日益紧密，互联网的基因迅速繁衍到各个领域，悄然改变着我们的日常生活。

曾经，我们都要跑到银行去取钱，只能去保险公司营业厅买车险，去证券营业厅开通股票账户，购物基本上都要出门逛街才能实现。如今，人们的很多需求如吃饭、购物、看电影、移动支付等通通都可通过网络实现，人们的生活也变得更加方便快捷。

随着 3G、4G 网络的普及，各种手机 APP 软件也迅速涌现，人们的生活方式正在发生转变。如今，人们通过手机 APP 点餐、订票、付费，购物、理财等，已经不再是新鲜事。互联网几乎涵盖了人们大部分金融生活行为，俨然成为当前一种生活时尚方式及态度。

本课题组的目标是编写一本针对没有任何专业知识的普通大众的实用互联网金融操作指南。本读本将撇开那些金融理论知识，围绕普通大众最关心的、每天都会面对的互联网金融问题，用生动的文字和插图来加以介绍。将网上存钱、花钱、投保、投资基金、炒股、借贷、理财等金融行为用通俗易懂的语言和图片展现给大家。本读本主要注重实务操作的介绍，将紧密结合所面向的目标读者群的实用需求，有的放矢地对互联网金融的各种实际操作进行有针对性的阐述。

在此说明，本读本所选择的网上金融操作示例，是出于写作和展示方面的便利，仅作演示之用，不意味着任何推荐或实际操作建议。读者应依据自己的判断进行实际操作，风险自担。

本书是浙江省社科联 2016 年度社科普及年度课题“身边的互联网金融”（课题编号：16ND19）的研究成果，本书的编写得到了浙江省社科联的大力支持，在此表示衷心的感谢。此外，我们借鉴了大量的金融类公司官网的内容，未能一一列出，在此向原作者表示由衷的谢意！

由于编者水平有限，书中难免有疏漏与不足之处，恳请读者、同仁批评指正。

陈　飞

2016 年 1 月

CONTENTS | 目录

第一章　互联网银行

互联网银行，又称网上银行、网络银行，是指借助现代数字通信、互联网、移动通信等在线实现为客户提供存款、贷款、支付、结算、汇转、账户管理、投资理财等高效的互联网金融服务形式。互联网银行是信息时代的产物，它的诞生，使原来必须到银行柜台办理业务的客户，通过互联网便可直接进入银行，客户真正做到足不出户便可办妥一切银行业务。

本章以中国工商银行为例，介绍与个人日常生活密切相关的互联网银行的相关功能。

中国工商银行（全称：中国工商银行股份有限公司）是中国五大银行之首，世界五百强企业之一，拥有中国最大的客户群，是中国最大的商业银行。因本章所介绍的内容主要涉及个人的日常事项，故仅指个人网上银行。

第一节　个人网上银行申请

个人只需持有工商银行牡丹卡，不论是牡丹灵通卡、信用卡或贷记卡，都能通过工商银行网站自助注册个人网上银行，或到工行任一网点开通个人网上银行服务。

个人网上银行自助注册是指未在柜面注册并开通网上银行服务的牡丹信用卡、贷记卡、商务卡、灵通卡、“理财金账户”卡的持卡人，可以通过工行网站实现网上自助注册，快速享受工行网上银行服务功能。客户一旦注册成功，当日即可使用工行个人网上银行系统。

(1)登录中国工商银行官方网站:http:// www. icbc. com. cn，进入工行首页,点击“个人网上银行”下方的“注册”按钮(见图 1-1);

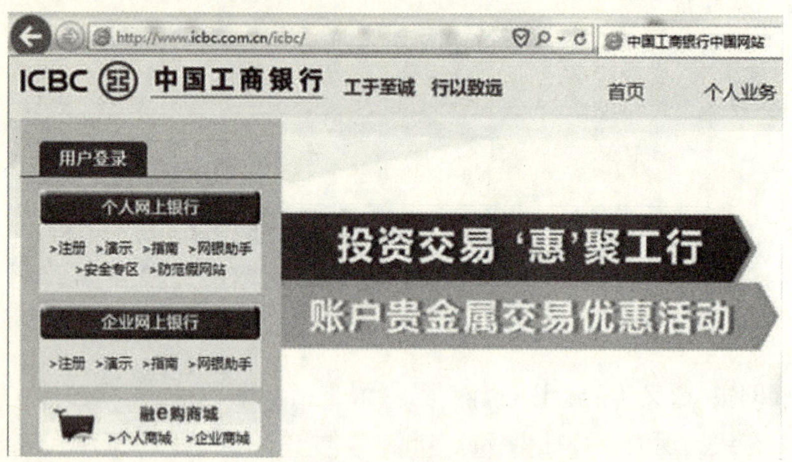

图 1-1　中国工商银行个人网上银行注册页面

(2)点击“注册”按钮后,进入网上自助注册须知页面,点击“注册个人网上银行”(见图 1-2);

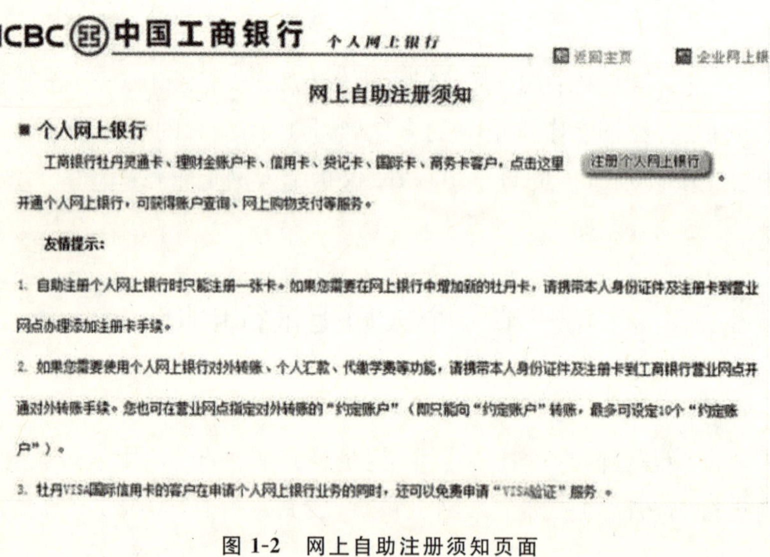

图 1-2　网上自助注册须知页面

(3)进入“中国工商银行电子银行个人客户服务协议”页面,点击下方的“接受此协议”按钮(见图 1-3);

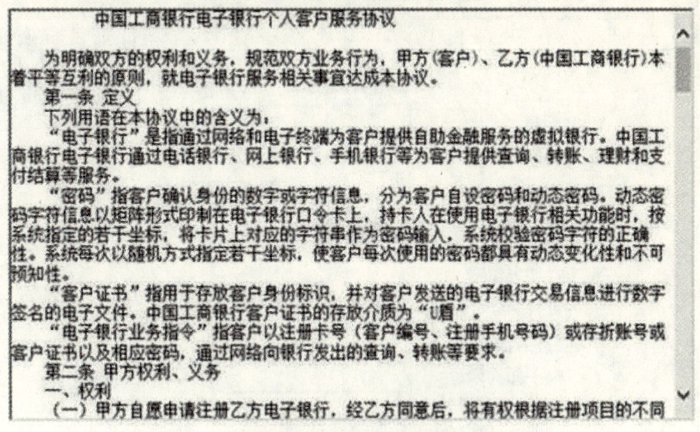

中国工商银行电子银行个人客户服务协议

为明确双方的权利和义务，规范双方业务行为，甲方(客户)、乙方(中国工商银行)本着平等互利的原则，就电子银行服务相关事宜达成本协议。

第一条 定义

下列用语在本协议中的含义为：

“电子银行”是指通过网络和电子终端为客户提供自助金融服务的虚拟银行。中国工商银行电子银行通过电话银行、网上银行、手机银行等为客户提供查询、转账、理财和支付结算等服务。

“密码”指客户确认身份的数字或字符信息，分为客户自设密码和动态密码。动态密码字符信息以矩阵形式印制在电子银行口令卡上，持卡人在使用电子银行相关功能时，按系统指定的若干坐标，将卡片上对应的字符串作为密码输入，系统校验密码字符的正确性。系统每次以随机方式指定若干坐标，使客户每次使用的密码都具有动态变化性和不可预知性。

“客户证书”指用于存放客户身份标识，并对客户发送的电子银行交易信息进行数字签名的电子文件。中国工商银行客户证书的存放介质为“U盾”。

“电子银行业务指令”指客户以注册卡号(客户编号、注册手机号码)或存折账号或客户证书以及相应密码，通过网络向银行发出的查询、转账等要求。

第二条 甲方权利、义务

一、权利

(一)甲方自愿申请注册乙方电子银行，经乙方同意后，将有权根据注册项目的不同

图 1-3 中国工商银行电子银行个人客户服务协议页面

(4)进入“用户自助注册”页面,填写注册卡卡号,点击“提交”按钮(见图 1-4);

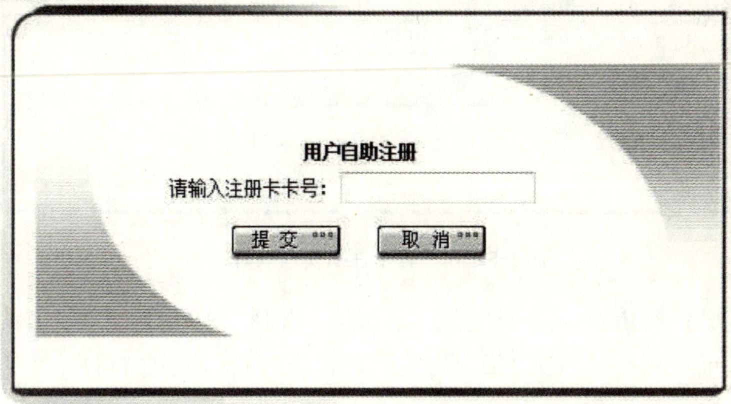

图 1-4 用户自助注册页面

(5)用户提交注册卡卡号后,在跳出的“用户自助注册”页面填写申请开通资料(见图 1-5);

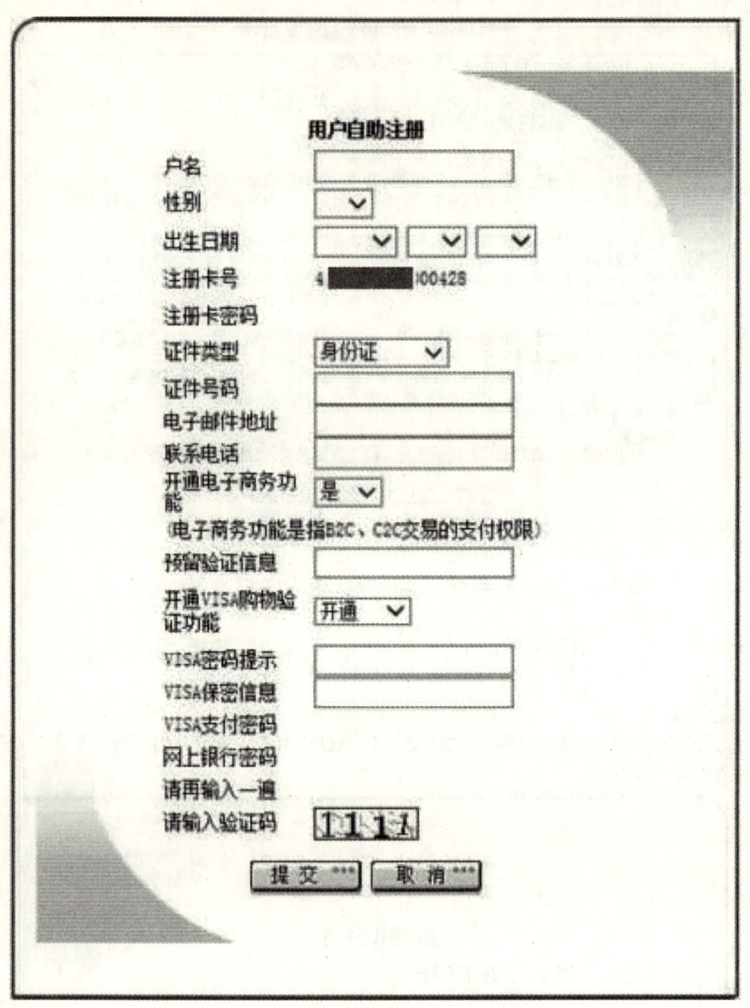

图 1-5　用户自助注册资料填写页面

(6)完成资料填写后点击“提交”,工行系统核查用户信息,在确认您的信息输入正确之后,系统会进入“用户自助注册确认”页面(见图 1-6);

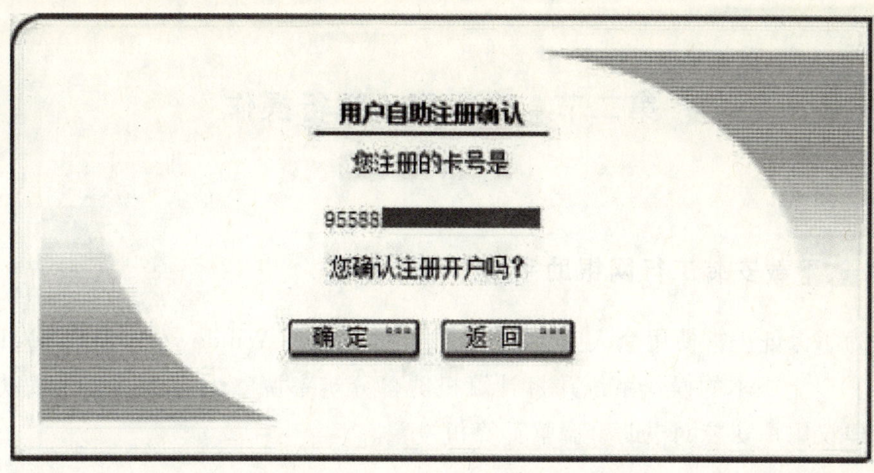

图 1-6　用户自助注册确认页面

(7)单击“确定”按钮,完成网上自助注册(见图 1-7)。

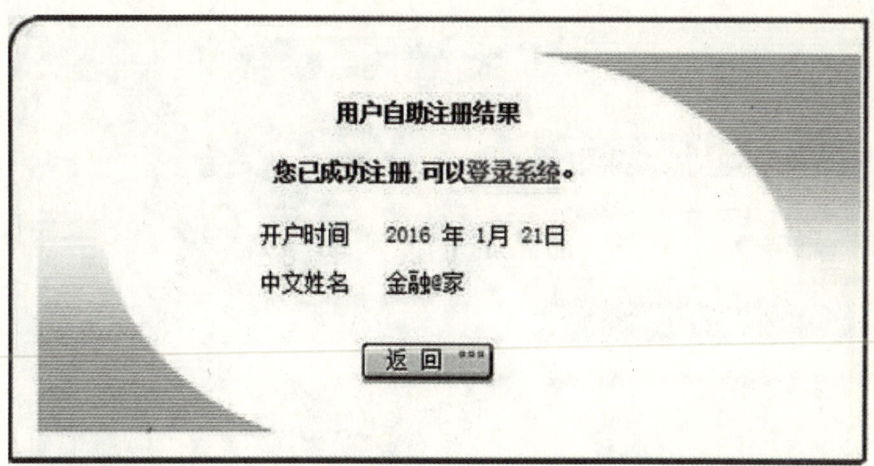

图 1-7　网上自动注册完成

此时用户已经完成工行网上自助注册,即刻起就可以享受工行为用户提供的“足不出户,轻松理财”的专业化服务。

第二节　个人网上银行操作

一、下载安装工行网银助手

为了保证正常使用个人网上银行，我们推荐使用 Windows2000(SP4)，IE6.0(SP1)以上版本的操作系统并将计算机屏幕分辨率调整为 1024×768 或以上，并且建议用户安装网银助手调整计算机设置。

(一)下载工行网银助手

点击工行网站首页“个人网上银行”下方的“网银助手”，下载工行网银助手软件(见图 1-8)。

图 1-8　工行网站首页

(二)运行工行网银助手，启动安装向导

1. 安装工行网银助手

工行网银助手下载好后，运行工行网银助手，启动安装向导，根据提示步骤进行安装(见图 1-9)。

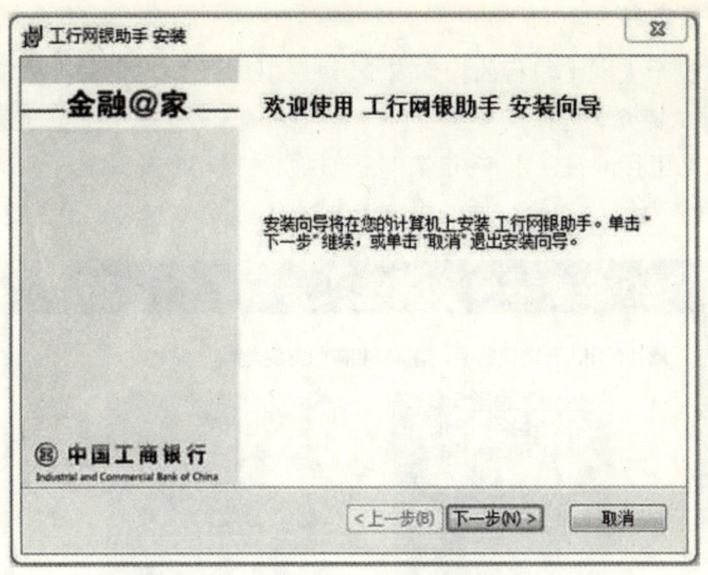

图 1-9　工行网银助手安装向导

2. 启动工行网银助手

按照"工行网银助手 安装向导"软件步骤完成整个证书驱动、控件以及系统补丁的安装，安装成功后页面弹出"完成"提示，点击"完成"按钮就可以启动工行网银助手(见图 1-10)。

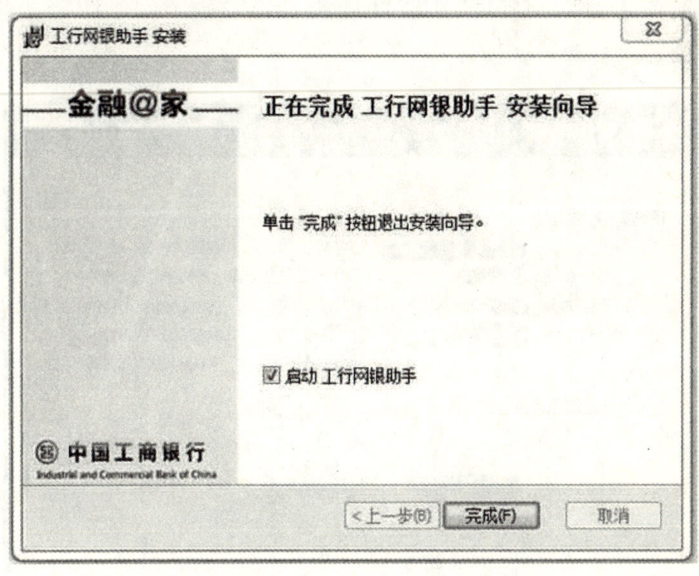

图 1-10　工行网银助手安装完成页面

(三)U 盾安装

为了保护个人网上银行的操作安全,建议用户到工行网点申领 U 盾。

1. U 盾安装类型选择

用户启动工行网银助手,在申请 U 盾页面,选择相应安装类型,该项操作以已有 U 盾的用户为例。已有 U 盾的用户点击“有 U 盾客户快捷安装”(见图 1-11)。

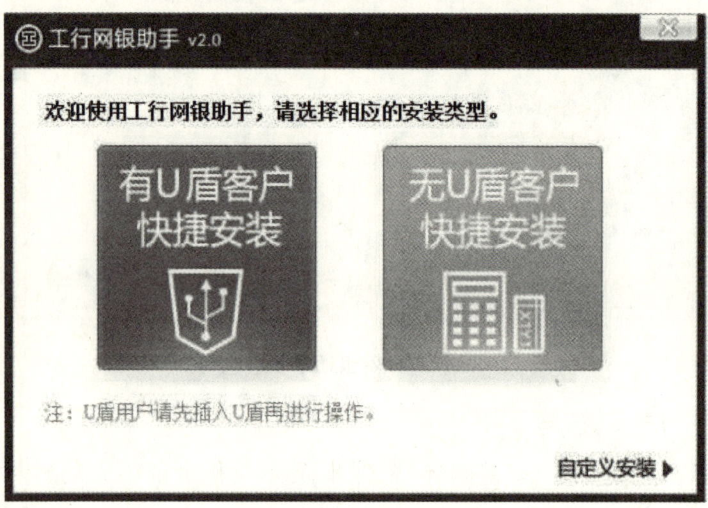

图 1-11　U 盾安装页面

2. U 盾类型选择

用户根据在工行网点申请到的 U 盾类型,选择相应的 U 盾类型,点击“确定”(见图 1-12)。

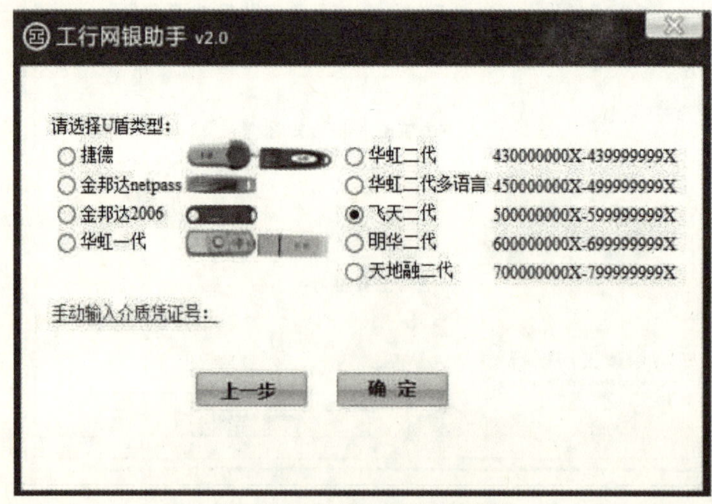

图 1-12　U 盾类型选择页面

3. U 盾驱动程序安装完成

完成上述步骤后出现 U 盾驱动程序已安装的界面(见图 1-13)。

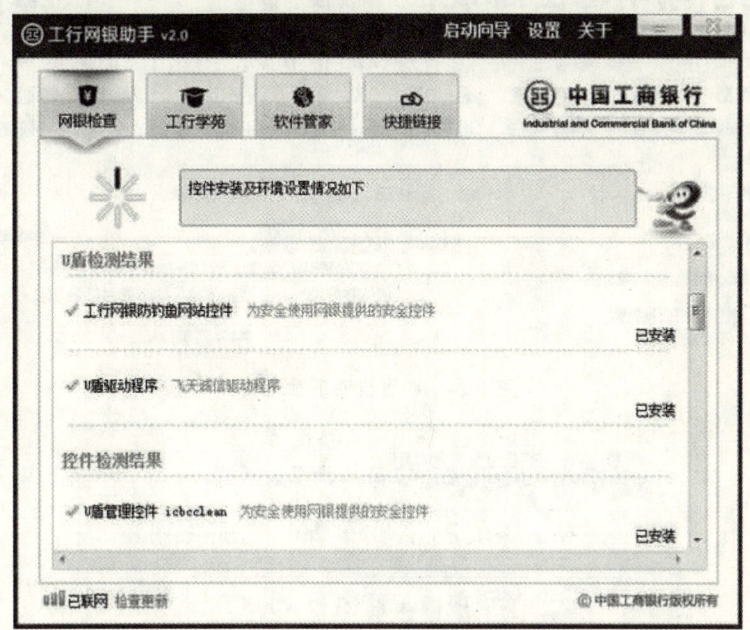

图 1-13 U 盾驱动程序已安装页面

4. 下载个人客户证书信息

完成 U 盾驱动程序后,登录个人网上银行(上节已介绍注册步骤,直接用账号密码在首页登录),点击“安全中心→U 盾管理”,在“U 盾证书下载”栏目下载个人客户证书信息(见图 1-14),U 盾证书下载完后,用户可以在跳出的对话框中设置新 U 盾密码(见图 1-15),密码设置成功后,也就完成了个人网上银行的系统设置。需要注意的一点是,不同品牌的 U 盾密码设置方式不同。捷德、华虹、金邦达品牌的普通 U 盾可以设置 6—8 位的密码,天地融、明华、飞天、华虹品牌的二代 U 盾可以设置 6—30 位的密码,密码可为字母和数字的任意组合。

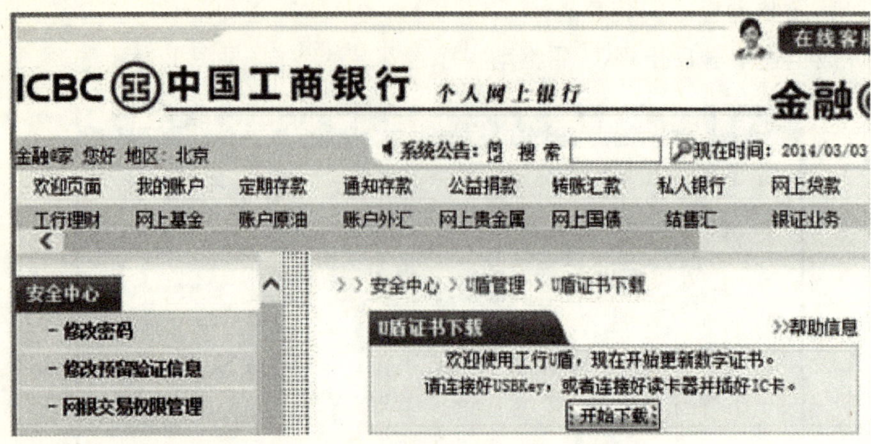

图 1-14　U 盾自助下载栏目

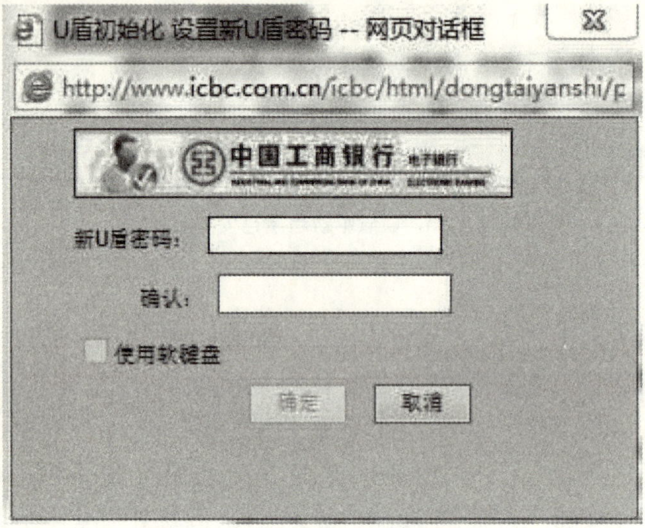

图 1-15　设置新 U 盾密码对话框

二、个人网上银行操作

完成了个人网上银行的系统设置后，用户可以进行个人网上银行的具体操作。

(一)账户登录

在工行网站首页点击“用户登录”进入“个人网上银行用户登录”页面，输入注册卡号和密码，登录网上银行(见图 1-16)。

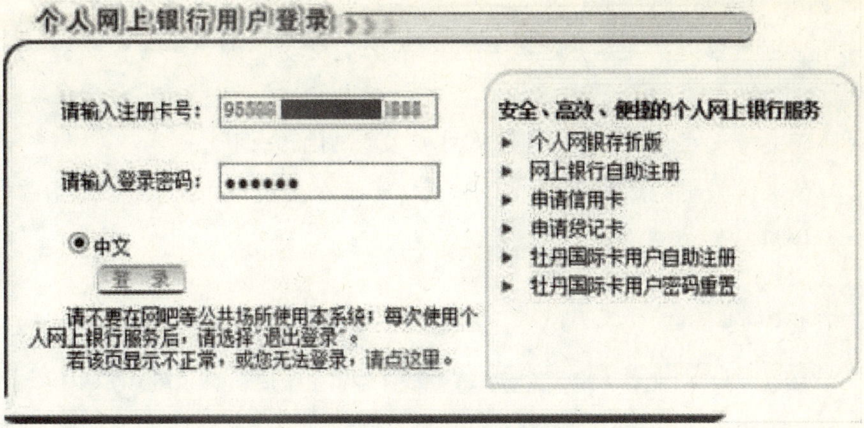

个人网上银行用户登录

请输入注册卡号：95588■■■■1888

请输入登录密码：••••••

◉中文

登 录

请不要在网吧等公共场所使用本系统；每次使用个人网上银行服务后，请选择"退出登录"。

若该页显示不正常，或您无法登录，请点这里。

安全、高效、便捷的个人网上银行服务

- 个人网银存折版
- 网上银行自助注册
- 申请信用卡
- 申请贷记卡
- 牡丹国际卡用户自助注册
- 牡丹国际卡用户密码重置

图 1-16 个人网上银行用户登录页面

用户成功登录个人网上银行后，就可以查询个人账户信息了，包括账户管理、转账汇款、定期存款、在线缴费、网上贷款、信用卡服务、网上债券、网上基金、客户服务、安全中心等信息。账户管理页面中可以查询账户余额、账户交易明细。

(二)账户管理

1. 账户余额查询

功能描述：查询个人客户已在网上银行签约或追加的所有账户的当前余额，并支持打印。

操作步骤：

(1)在菜单上点击"账户管理"→"账户余额查询"；

(2)根据需要选择相应的账号，查看该账户下挂账户列表及相应余额（见图 1-17）。

余额查询-本人注册账户

开户地区	卡（账户）类型	卡（账）号	状态	币种	当前余额	可用余额	操作
北京	e时代卡	62■■■■					
	活期	02■■■■	有效	人民币	10.00	10.00	余额 明细 注册账户转账 存定期
北京	灵通卡	62■■■■					
	活期	02■■■■	有效	人民币	16.42	16.42	余额 明细 注册账户转账 存定期

图 1-17 账户余额查询

2. 账户交易明细查询

功能描述:查询个人客户已签约账户的历史交易明细。

操作步骤:

(1)在菜单上点击“账户管理”→“账户交易明细查询”;

(2)在下拉菜单中选择要查询的账号,并输入起止查询日期,点击“查询”键(见图 1-18);

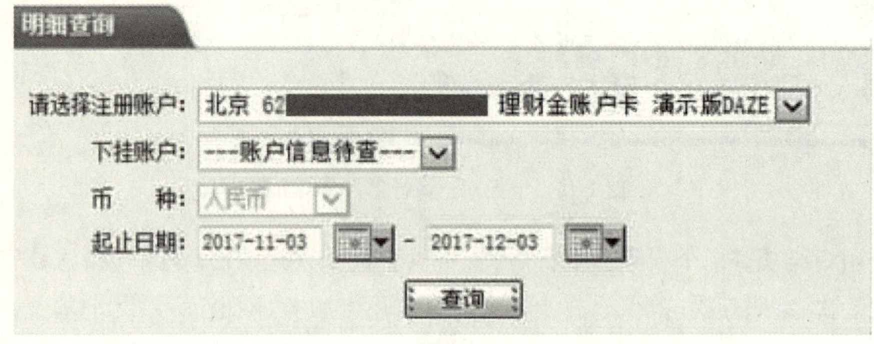

图 1-18 账户交易明细查询页面

(3)点击“查询”键可跳出下面的页面(见图 1-19)。

卡号: 93　　卡别名: louis　　查询时间: 2017年12月03日14时01分05秒

子账户序号: 00000　　子账户类别: 活期　　子账户别名: sanair

序号	交易日期	业务摘要	币种	钞/汇	收入金额	支出金额	余额
1	2017-12-01	定申	人民币	钞		100.00	35,661.65
人民币合计金额					36,597.05	71,652.70	

图 1-19 账户交易明细查询页面

(三)转账汇款

在转账汇款页面可以选择进行行内转账汇款操作或跨行汇款转账操作。

1. 行内转账汇款

功能描述:个人客户可通过该功能向同一家银行开立的账户划转资金。

交易说明:

(1)正常情况下,资金实时到账;

(2)手续费在交易成功时按收费标准从付款账户扣收。

操作步骤:

(1)在菜单上点击“转账汇款”→“行内转账”;

(2)根据图 1-20 提示填写相关内容,点击“提交”键;

第一步:请填写收款人信息或选择我的收款人

收款人:金融

账　号:62■■■

第二步:请填写汇款信息

币　种:人民币

汇款金额:1,000.00 元　大写:壹仟元整

自记用途:还款　(不发送给收款人)

给收款人附言:　(可不输)

第三步:请填写付款信息

付款卡(账)号:北京 95■■■ 理财金账户卡　汇款套餐:待查询

付款账户:00000 活期 基本户 02■■■　余额:待查询

□不允许收款人查看付款账户信息

汇款成功后,如需向他人发送汇款短信通知,请输入手机号码:
或从收款人名册中提取手机号码

提交　重填

图 1-20　填写行内汇款转账信息

(3)核对所录入信息,如信息准确,输入交易密码,点击“确认”键(见图 1-21)完成行内汇款转账。

收款人	全称	李■	付款人	姓　名	李■
	账号(账号类型)	62■■■（灵通卡）		卡(账)号	62■■■
				账　户	02■■■
	收款人所在地	北京		付款人所在地	北京
转账金额		1.00	大写:壹元整		币种:人民币
手续费		0.00	总金额		1.00
自记用途		还款	手工输入自记用途		
给收款人附言					
收款人手机号码			短信通知费		

确认　上一步

图 1-21　核对行内汇款转账信息

2. 跨行转账汇款

功能描述:个人客户可通过该功能向他行账户转账。

交易说明:

(1)资金实时到账;

(2)交易金额一般在5万元及以下。

操作步骤:

(1)在菜单上点击"转账汇款"→"跨行转账";

(2)根据图1-22提示填写相关内容,点击"下一步"键;

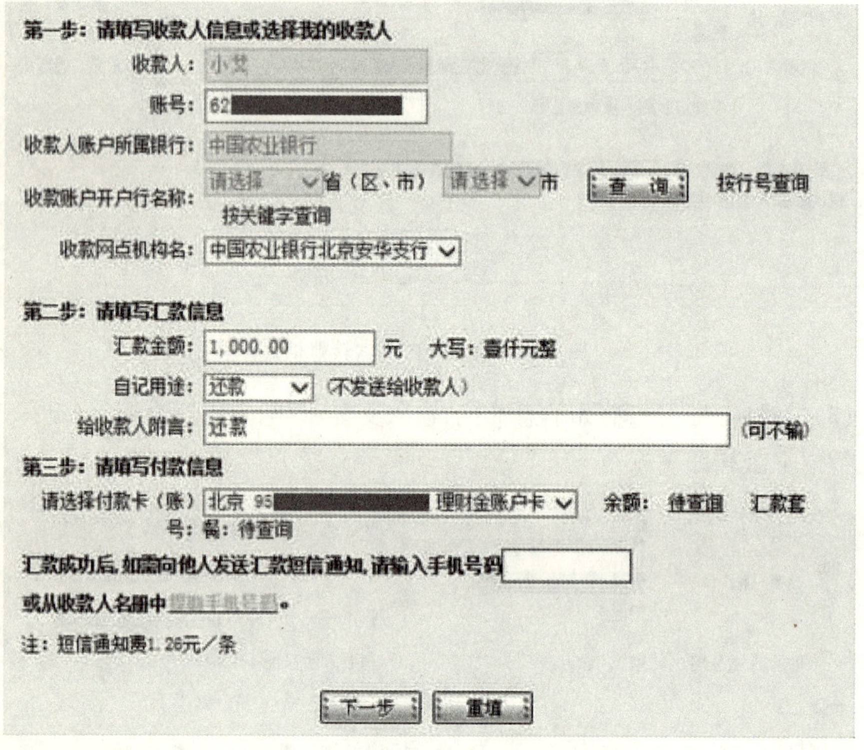

图1-22 填写跨行汇款转账信息

(3)与行内汇款转账操作一样,最后核对所录入信息,如信息准确,输入交易密码,点击"确认"键,完成跨行汇款转账。

(四)定期存款

定期存款有活期转定期、活期转通知存款两项操作。

1. 活期转定期

功能描述:将卡内的活期存款转存为定期存款。

交易说明：

(1)定期存款的起存金额为人民币 50 元；

(2)利率按照中国人民银行同期存款利率执行。

操作步骤：

(1)在菜单上点击“定期存款”→“存入定期存款”；

(2)在图 1-23 的页面上选择所需转存的存款类型和存期，点击“存入”；

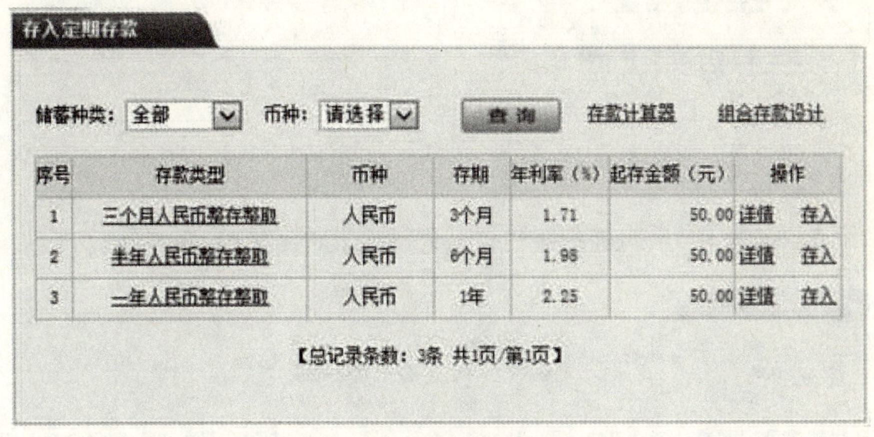

存入定期存款

储蓄种类：全部　币种：请选择　查询　存款计算器　组合存款设计

序号	存款类型	币种	存期	年利率（%）	起存金额（元）	操作
1	三个月人民币整存整取	人民币	3个月	1.71	50.00	详情　存入
2	半年人民币整存整取	人民币	6个月	1.98	50.00	详情　存入
3	一年人民币整存整取	人民币	1年	2.25	50.00	详情　存入

【总记录条数：3条 共1页/第1页】

图 1-23　存入定期存款页面

(3)如果交易成功，可通过“我的定期存款”进行查询(见图 1-24)。

序号	存款类型	账号	账户序号	状态	币种	钞汇	本金	开户日期	到期日	年利率	存期	约转存期	预计本息合计
1	整存整取	93	00013	正常	人民币	现钞	12,009.44	2009-09-05	2009-09-05	0%	0	不约转	12,009.44

图 1-24　存款信息查询

2. 活期转通知存款

功能描述：将卡内的活期存款转存为通知存款。

交易说明：个人通知存款的最低起存金额和最低支取金额均为人民币 5 万元。

操作步骤：

(1)在菜单上点击“通知存款”→“存入通知存款”；

(2)选择转出账号及通知类型，输入转存金额，点击“存入”键(见图 1-25)；

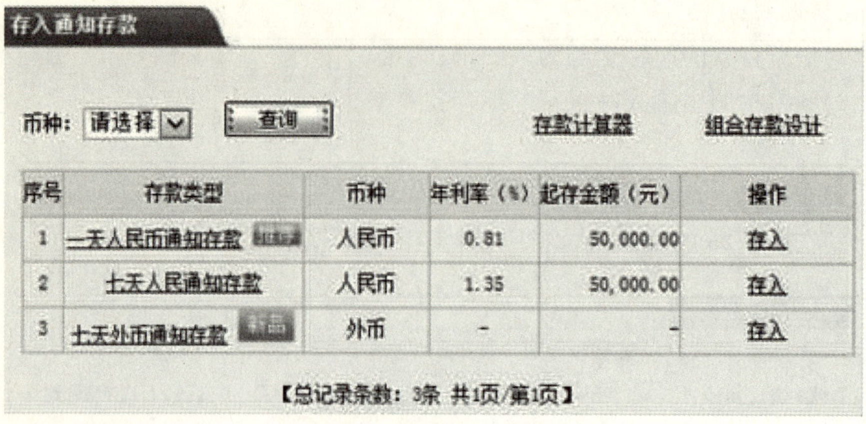

存入通知存款

币种：请选择 查询 存款计算器 组合存款设计

序号	存款类型	币种	年利率（%）	起存金额（元）	操作
1	一天人民币通知存款	人民币	0.81	50,000.00	存入
2	七天人民通知存款	人民币	1.35	50,000.00	存入
3	七天外币通知存款	外币	-	-	存入

【总记录条数：3条 共1页/第1页】

图 1-25　存入通知存款页面

(3)如果交易成功,可通过账户信息查询等查看结果(见图 1-26)。

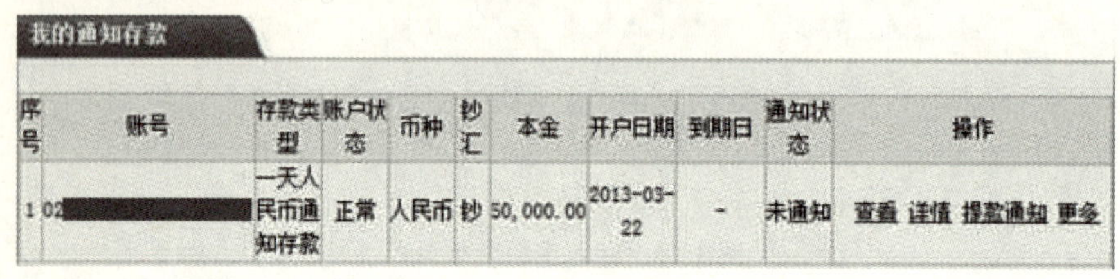

我的通知存款

序号	账号	存款类型	账户状态	币种	钞汇	本金	开户日期	到期日	通知状态	操作
1	02	一天人民币通知存款	正常	人民币	钞	50,000.00	2013-03-22	-	未通知	查看 详情 提款通知 更多

图 1-26　存款信息查询

(五)在线缴费

功能描述:可以在线为本人或他人缴纳手机费、电话费、水费、电费、燃气费等各种日常生活费用,或购买工行代理企业的商品或服务。

操作步骤:

(1)在菜单上点击“缴费站”→“在线缴费”;

(2)选择缴费类型,点击“查询”键(见图 1-27);

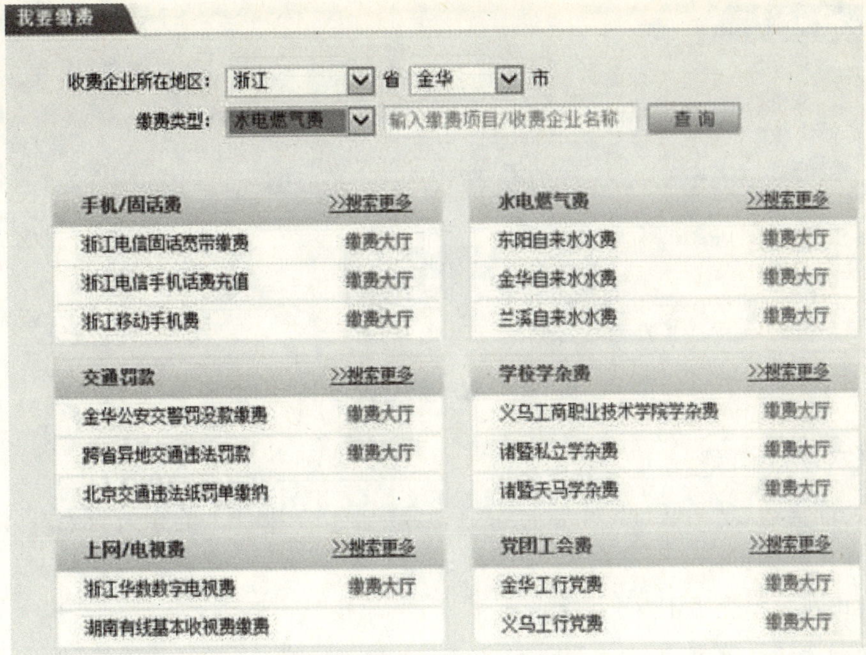

图 1-27 缴费类型页面

(3)在对应的缴费项目后点“缴费”(见图 1-28)；

缴费项目	缴费项目说明	收费企业所在地	操作
东阳自来水水费 缴费大厅	**收费项目简介：**请您输入水表用户号 **收费企业联系电话：**0579-86641492	金华	缴费
金华自来水水费 缴费大厅	**收费项目简介：**请您输入水表户号 **收费企业联系电话：**0579-82373154	金华	缴费
兰溪自来水水费 缴费大厅	**收费项目简介：**请您输入水表户号 **收费企业联系电话：**13858988018	金华	缴费
浦江高峰管道燃气 缴费大厅	**收费企业联系电话：**15267987111	金华	缴费
义乌水费 缴费大厅	**收费企业联系电话：**0579-85470242	金华	缴费

图 1-28 缴费页面

(4)缴费完成后，可以查询用户缴纳的各种费用明细情况(见图 1-29)。

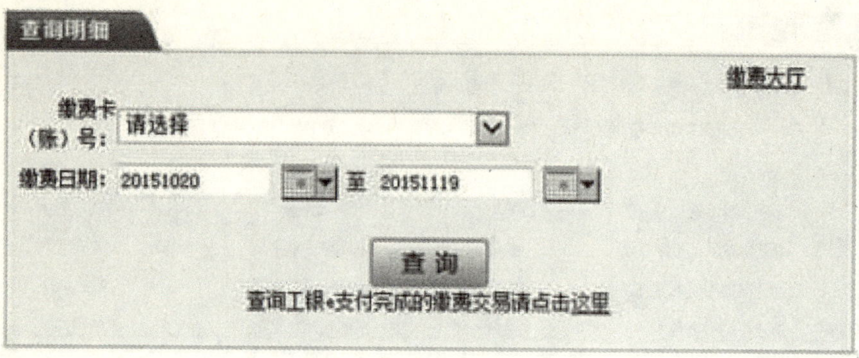

图 1-29　费用明细情况查询

(六)网上贷款

功能描述:是指通过网上银行渠道为客户提供贷款业务的相关服务。

操作步骤:

(1)在菜单上点击“网上贷款”;

(2)选择贷款类型,点击“办理”键或“申请”键,此处以“申请贷款”操作为例(见图 1-30);

申请贷款

欢迎您使用中国工商银行网上银行的贷款功能，您可以通过网上银行渠道申请办理如下类别的贷款：

序号	类型	可贷金额	可贷期限	担保方式	简介	操作
1	个人信用消费贷款	600元-30万元	2-24个月	信用	个人信用消费贷款是指由我行向符合特定条件的借款人发放的，用于个人合法合规消费用途的无担保无抵押的人民币贷款。	办理
2	逸贷	100-20万	6、12、24、36个月	信用	“逸贷”是指中国工商银行对持本人的工行借记卡（或存折）、信用卡的客户在特定的工行特约商户进行刷卡消费或网上购物时，提供的信用消费信贷服务。	办理
3	其他贷款	0-1000万	30年	抵押、质押、保证、信用	个人网银质押贷款、个人网银第三人质物质押贷款以外的其他贷款项目，贷款品种多样，客户通过网上银行提交贷款意向后，需到柜面签署协议。	申请

图 1-30　网上申请贷款类型

(3)填写贷款信息,再点击“下一步”(见图 1-31)。

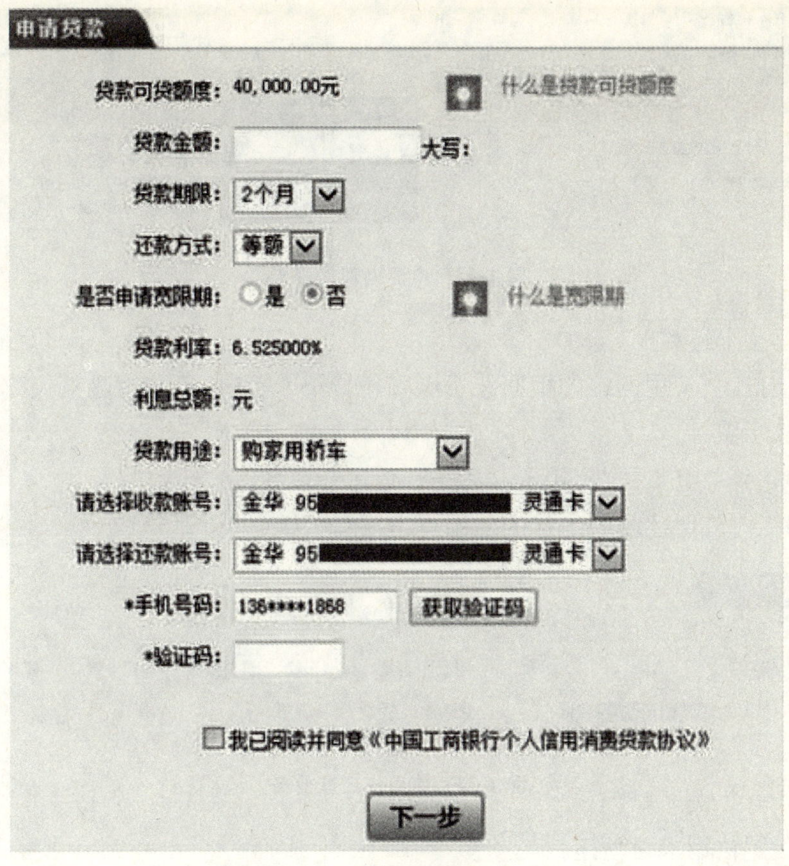

图 1-31 填写贷款信息

(七)信用卡服务

信用卡服务是一组集新办卡、换卡申请、卡片启用、客户卡片资料查询/修改、分期付款等业务于一体的综合性自助服务功能。

1. 申请信用卡

功能描述:在线申请办理当前业务地区的牡丹贷记卡或准贷记卡。

操作步骤:

(1)在菜单上点击“信用卡服务”→“申请办卡”;

(2)选择信用卡名称,点击“申请”键(见图 1-32)。

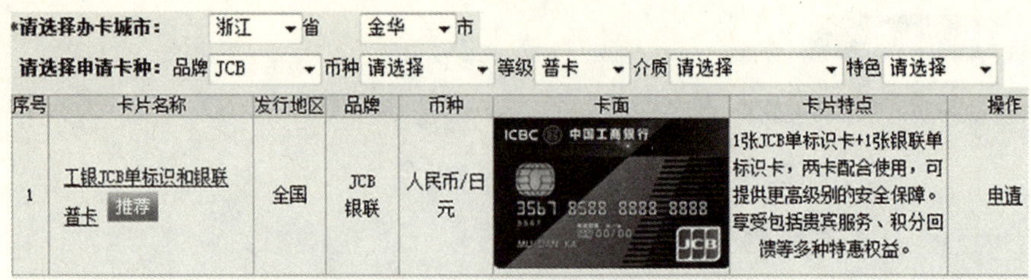

*请选择办卡城市：浙江 省 金华 市

请选择申请卡种：品牌 JCB 币种 请选择 等级 普卡 介质 请选择 特色 请选择

序号	卡片名称	发行地区	品牌	币种	卡面	卡片特点	操作
1	工银JCB单标识和银联普卡 推荐	全国	JCB 银联	人民币/日元	ICBC 中国工商银行 3567 8588 8888 8888 JCB	1张JCB单标识卡+1张银联单标识卡，两卡配合使用，可提供更高级别的安全保障。享受包括贵宾服务、积分回馈等多种特惠权益。	申请

图 1-32　申请办理信用卡

2. 信用卡还款

功能描述：使用网银的柜面注册卡归还贷记卡、准贷记卡的透支欠款。

操作步骤：

(1)在菜单上点击“信用卡服务”→“信用卡还款”→“还款”；

(2)在对应要还款的卡号的后面点击“还款”键(见图 1-33)。

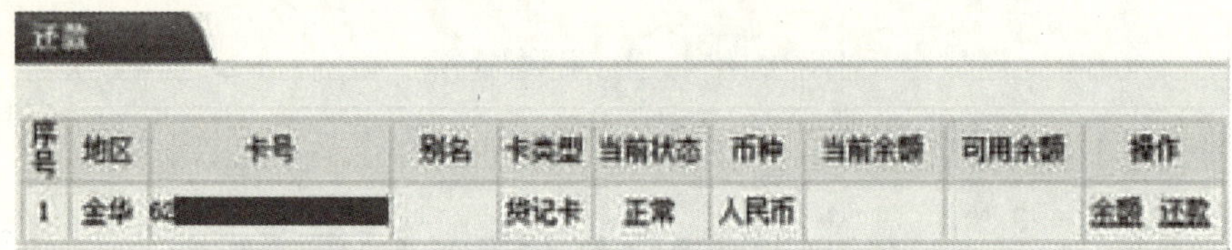

还款

序号	地区	卡号	别名	卡类型	当前状态	币种	当前余额	可用余额	操作
1	金华	62		贷记卡	正常	人民币			余额 还款

图 1-33　信用卡还款业务

3. 设置信用卡自动还款

功能描述：可设置本人当前业务地区人民币、外币存款账户内的资金自动偿还本人贷记卡人民币、外币账户的透支应还款项。

操作步骤：在菜单上点击“信用卡服务”→“信用卡还款”→“设置自动还款”(图 1-34)。

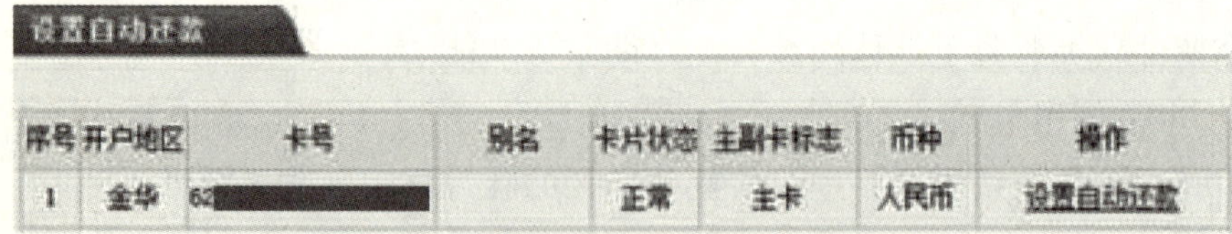

设置自动还款

序号	开户地区	卡号	别名	卡片状态	主副卡标志	币种	操作
1	金华	62		正常	主卡	人民币	设置自动还款

图 1-34　设置信用卡自动还款操作

(八)网上债券

1.柜台记账式债券

功能描述:客户可以用银行卡内的活期存款购买柜台记账式债券。

操作步骤:

(1)在菜单上点击“网上债券”→“柜台记账式债券”;

(2)选择要购买的债券,点击“购买”键(见图 1-35)。

柜台记账式债券列表:

序号	债券代码	债券简称	币种	期限	剩余期限	到期日	债券类型	付息方式	票面利率/折合年化收益率(%)	客户买入全价	客户卖出全价	客户买入价到期收益率%	客户卖出价到期收益率%	操作
1	160007	16附息国债07	人民币	60月	4年356天	2021-04-14	记账式国债	附息	2.5800	99.56	99.11	2.6885	2.7869	购买
2	160006	16附息国债06	人民币	84月	6年328天	2023-03-17	记账式国债	附息	2.7500	100.46	99.08	2.7189	2.9425	购买
3	160209	16国开09 连续	人民币	12月	320天	2017-03-09	国家开发银行金融债	附息	2.2900	100.08	99.96	2.5155	2.6550	购买
4	160005	16附息国债05	人民币	12月	301天	2017-02-18	记账式国债	附息	2.2200	100.44	100.32	2.1500	2.2975	购买
5	160004	16附息国债04	人民币	120月	9年280天	2026-01-28	记账式国债	附息	2.8500	100.09	99.50	2.9184	2.9887	购买
6	160003	16附息国债03	人民币	36月	2年280天	2019-01-28	记账式国债	附息	2.5500	100.88	100.64	2.4383	2.5289	购买

图 1-35　柜台记账式债券列表

2.储蓄国债

功能描述:用卡内的活期存款购买国债。

操作步骤:

(1)在菜单上点击“网上债券”→“储蓄国债”;

(2)选择国债名称,点击“购买”键(见图 1-36)。

序号	国债代码	国债名称	发行起始日	发行截止日	基本利率%	期限	到期兑付日	付息方式	计息方式	期限类型	操作
1	151709	2015年第九期储蓄国债(电子式) 新品	2015-11-10	2015-11-19	4.0000	36个月	2018-11-10	定期付息	附息固定利率	其它	购买
2	151710	2015年第十期储蓄国债(电子式) 新品	2015-11-10	2015-11-19	4.4200	60个月	2020-11-10	定期付息	附息固定利率	其它	购买
3	151708	2015年第八期储蓄国债(电子式)	2015-08-10	2015-08-19	4.8700	60个月	2020-08-10	定期付息	附息固定利率	其它	购买
4	151707	2015年第七期储蓄国债(电子式)	2015-08-10	2015-08-19	4.5000	36个月	2018-08-10	定期付息	附息固定利率	其它	购买
5	151706	2015年第六期储蓄国债(电子式)	2015-07-10	2015-07-19	4.8700	60个月	2020-07-10	定期付息	附息固定利率	其它	购买

图 1-36　储蓄国债列表

(九)网上基金

功能描述:用银行卡内的活期存款购买基金。

操作步骤:

(1)在菜单上点击“网上基金”→“购买基金”;

(2)选择基金名称,点击“购买”键(见图 1-37);

基金产品列表:

基金代码	基金简称	产品种类	基金类型	基金状态	净值日期	单位净值	累计净值	日增长率%	季增长率%▼	晨星评级	优惠信息	操作
162411	华宝油气基金	开放式基金	股票型	正常	2016-04-21	0.5560	0.5560	-0.54	40.45	★	详情	购买 定投
164815	工银标普自然资源	开放式基金	股票型	暂停	2016-04-21	0.8230	0.8230	0.49	32.31	-	详情	购买 定投
163208	诺安油气能源	开放式基金	股票型	正常	2016-04-21	0.8130	0.8130	-0.25	27.34	★★	详情	购买 定投
160416	华安石油	开放式基金	股票型	正常	2016-04-21	0.8630	0.9030	0.47	27.26	★★★	详情	购买 定投
160121	南方金砖	开放式基金	股票型	正常	2016-04-21	0.7550	0.7750	0.94	19.49	★★★	详情	购买 定投
161714	招商金砖	开放式基金	股票型	暂停申购	2016-04-21	0.7060	0.7060	1.00	16.89	★★★★	详情	购买 定投
217015	招商全球资源股票	开放式基金	股票型	暂停申购	2016-04-21	0.8880	0.8880	0.45	16.78	★★★	详情	购买 定投

图 1-37　网上基金列表

(3)输入购买金额等信息,点击“提交”键(见图 1-38);

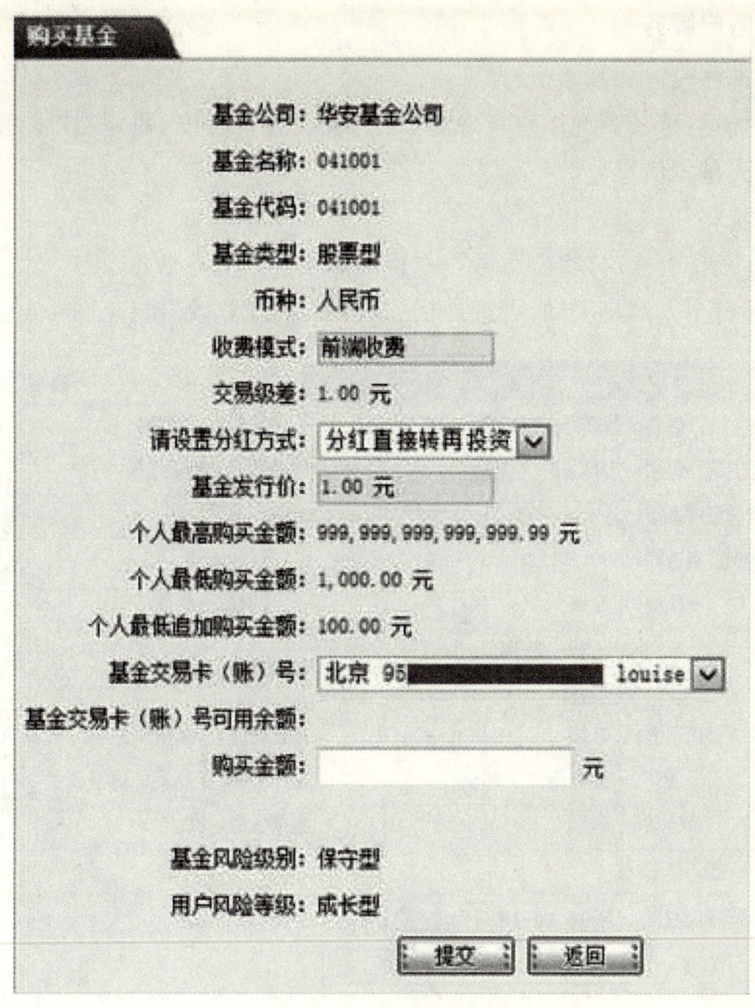

图 1-38　基金购买信息

(4)如果交易成功,可通过“基金份额查询”功能查询已经购买的基金份额及相关信息(见图 1-39)。

申请单编号	基金代码	基金简称	状态	申请日期	确认日期	入账日期	交易类型	净值	币种	交易金额	基金数量	费用	收费模式	交易场所	操作
[illegible]	040003	华安中国A股	未确认	2013-03-24	等待基金公司答复	-	设置分红方式	-	人民币	-	-	-	-	网上银行	[illegible]

图 1-39　网上基金信息

(十)客户服务

1. 查询修改客户基本信息

功能描述:可以查询修改客户的婚姻状况、教育程度、职业、技术职称、工作单位等个人基本信息。

操作步骤:

(1)在菜单上点击“客户服务”→“查询修改客户基本信息”;

(2)如有个人信息变动,可选择相关项目,点击“修改”键(见图 1-40)。

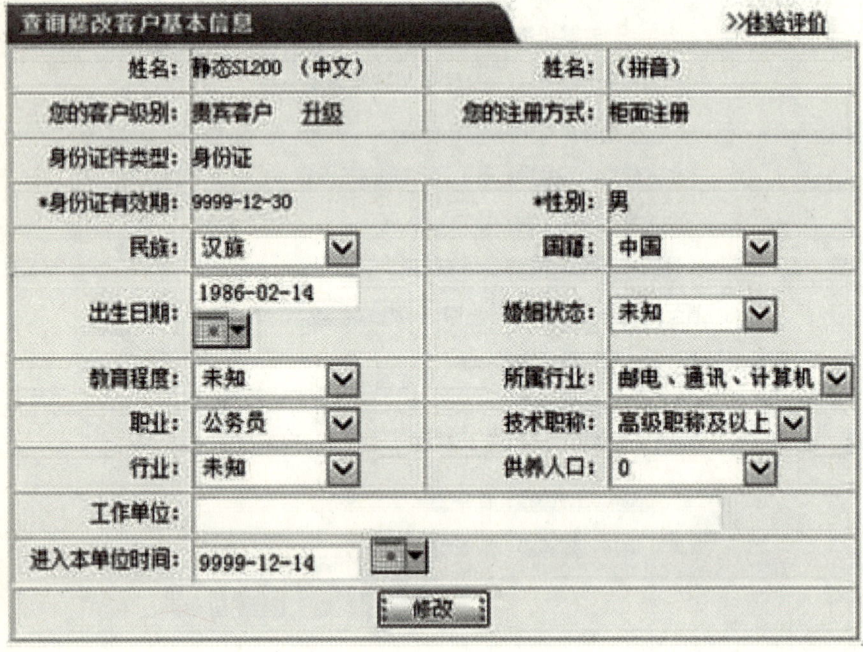

图 1-40 查询修改客户基本信息

2. 查询我的星级

功能描述:星级是客户在工商银行评级周期内的总利润贡献度。由低到高分成“三星级”至“七星级”共五个等级。

操作步骤:在菜单上点击“客户服务”→“我的星级”即可查看个人的星级(见图 1-41)。

我的星级

您是我行的 五星级客户

星级介绍信息

星级服务是我行为回馈客户厚爱推出的创新服务，您在我行办理业务可根据业务量获评星级并享受相应服务。

图 1-41　查询个人星级信息

3. 积分服务

(1)我的积分

功能描述:可以查询客户使用工商银行指定金融产品所产生的积分。

操作步骤:在菜单上点击“客户服务”→“积分服务”→“我的积分”(见图 1-42)。

我的积分

积分种类	积分余额	操作
个人综合积分	692	融e购积分消费　明细

图 1-42　查询个人积分信息

(2)积分明细查询

功能描述:可以查询客户使用工商银行指定金融产品所产生的积分明细。

操作步骤:在菜单上点击“客户服务”→“积分服务”→“积分明细查询”(见图 1-43)。

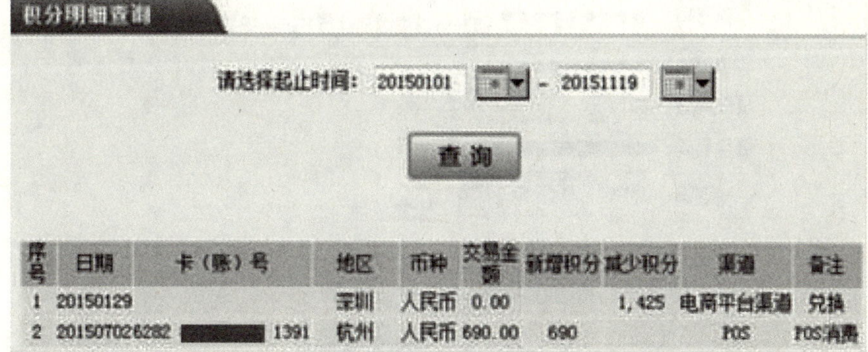
积分明细查询

请选择起止时间: 20150101 - 20151119

查询

序号	日期	卡(账)号	地区	币种	交易金额	新增积分	减少积分	渠道	备注
1	20150129		深圳	人民币	0.00		1,425	电商平台渠道	兑换
2	201507026282	1391	杭州	人民币	690.00	690		POS	POS消费

图 1-43　积分明细查询

4. 风险能力测评

功能描述:客户可以在线对自身承受投资风险的能力进行测评。

操作步骤:在菜单上点击“客户服务”→“风险能力评测”(见图 1-44)。如对以前的风险等级不满意,还可以重新进行评测,点击“重做风险评估”即可。

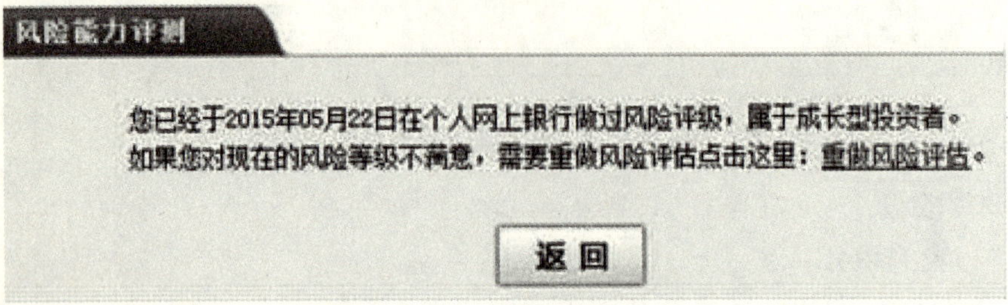

风险能力评测

您已经于2015年05月22日在个人网上银行做过风险评级，属于成长型投资者。
如果您对现在的风险等级不满意，需要重做风险评估点击这里：重做风险评估。

返回

图 1-44　个人风险能力评测

(十一)安全中心

1. 修改密码

功能描述:客户可在网上自助修改网银登录密码。

操作步骤:在菜单上点击“安全中心”→“修改密码”,并按提示输入内容(见图 1-45)。

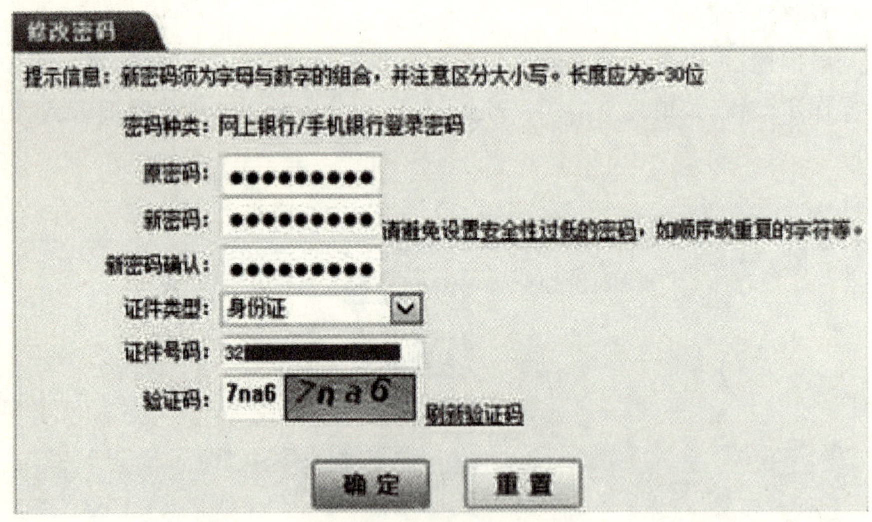

图 1-45　修改网银登录密码

2. 修改预留验证信息

功能描述:客户可在网上自助修改网上银行预留验证信息。

操作步骤:在菜单上点击“安全中心”→“预留验证信息”,并输入新的验证信息(见图 1-46)。

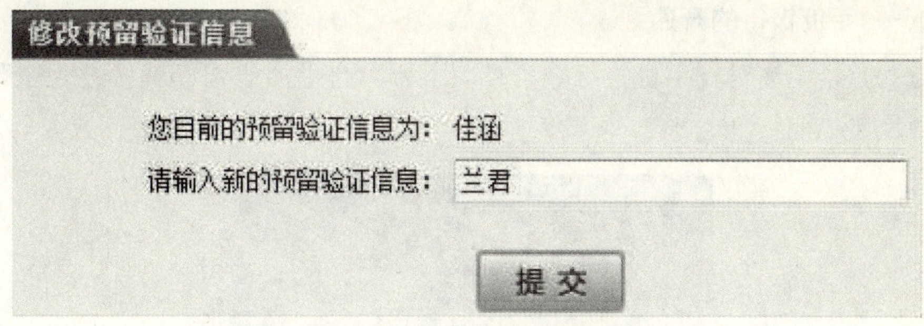

图 1-46　修改预留验证信息

3. 账户挂失

功能描述:客户可自助在此办理注册账户、非注册账户的挂失业务。

操作步骤:在菜单上点击“安全中心”→“账户挂失”,并按提示输入内容,点击“挂失”键(见图 1-47)。

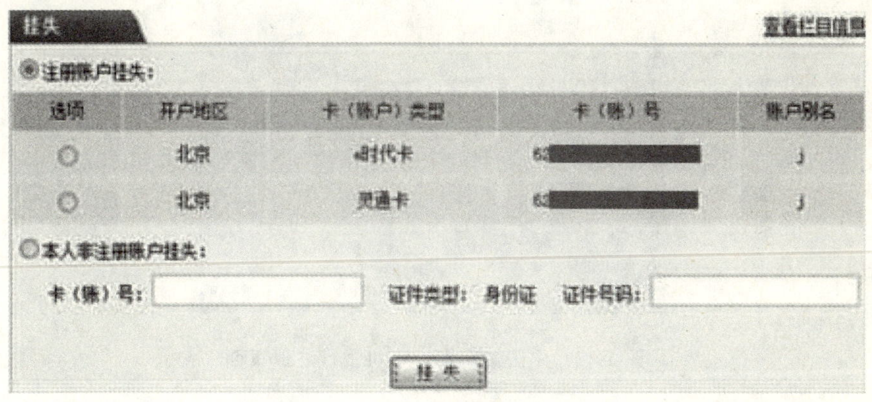

图 1-47　账户挂失页面

第三节　个人手机银行操作

曾经,在银行排队,仅仅为了一笔转账;曾经,四处寻找能上网的电脑只为完成一笔转账。现在,在出差途中、候车时、超市排队结账时……拿出手机,就能享受“中银掌上行”提供的随身金融服务。弹指之间，理财、生活、工作皆不误！本节以中国工商银行手机银行为例，介绍手机银行的功能与实用操作。

(一)手机银行的开通

(1)点击工商银行手机银行登录页面下方的自主注册图标就可进入注册流程(见图 1-48)；

图 1-48　中国工商银行手机银行注册页面

(2)确认服务协议，阅读《中国工商银行电子银行章程》《中国工商银行电子银行个人客户服务协议》《中国工商银行手机银行交易规则》完毕后点击右上角“同意”按钮即可，默认为非选中(见图 1-49)；

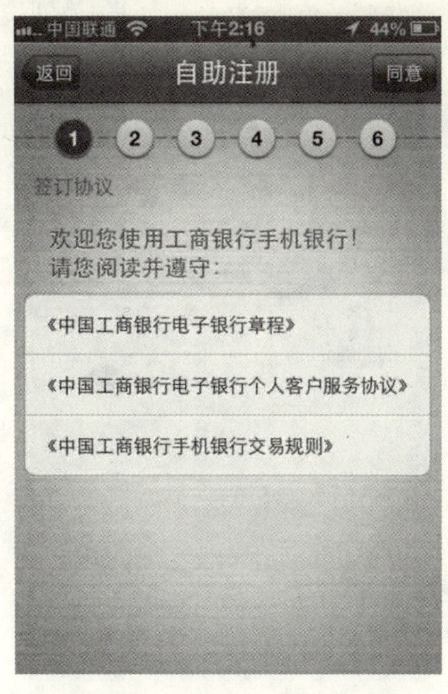

图 1-49 确认服务协议页面

(3)填写账户的信息,包括选择注册手机号码、注册卡号以及账户密码(见图 1-50);

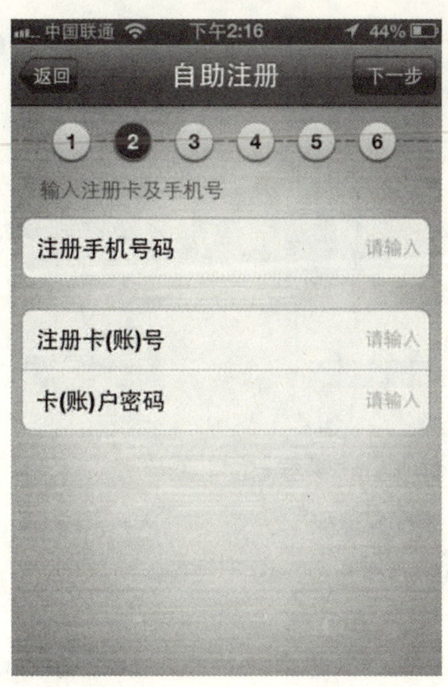

图 1-50 填写账户信息

(4)输入手机号码后将收到短信验证码,在页面上填写短信验证码(见图1-51);

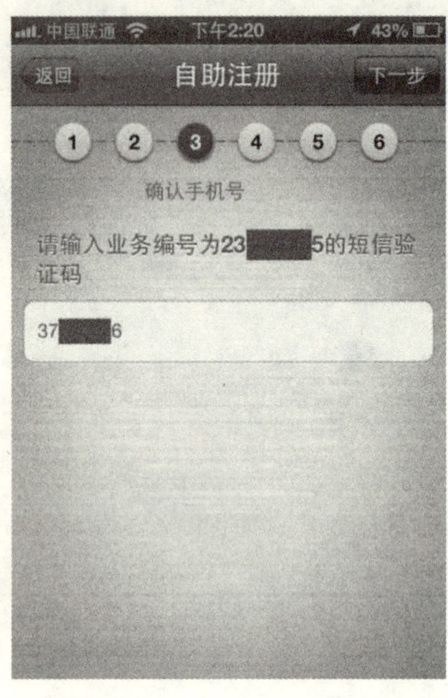

图 1-51　填写短信验证码

(5)填写证件号、注册姓名、注册的手机号码、密码、预留验证码和e支付的选择(见图1-52、图1-53);

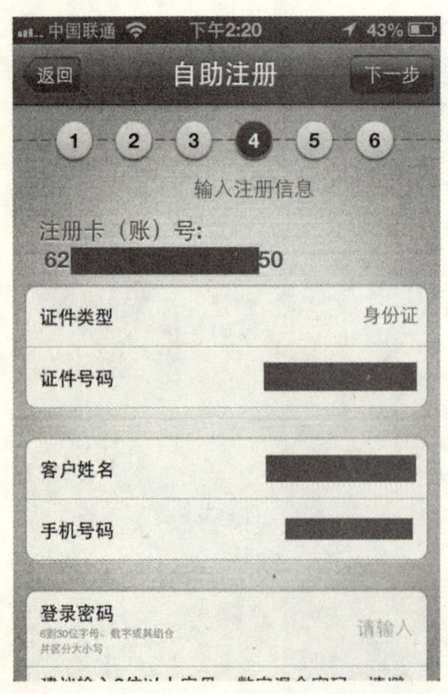

图 1-52　填写账户信息

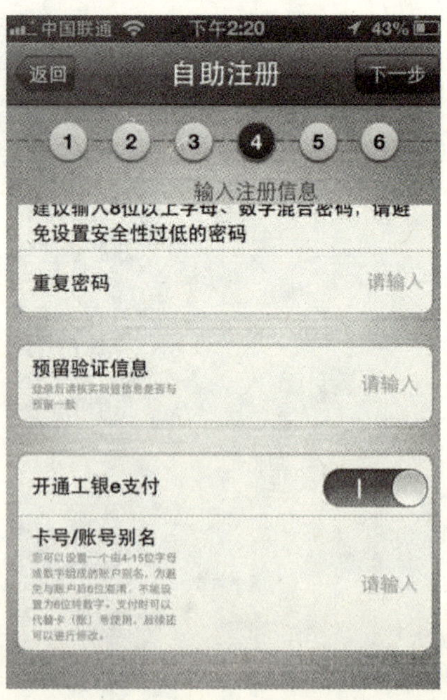

图 1-53　选择工银e支付

(6)确认信息(见图 1-54);

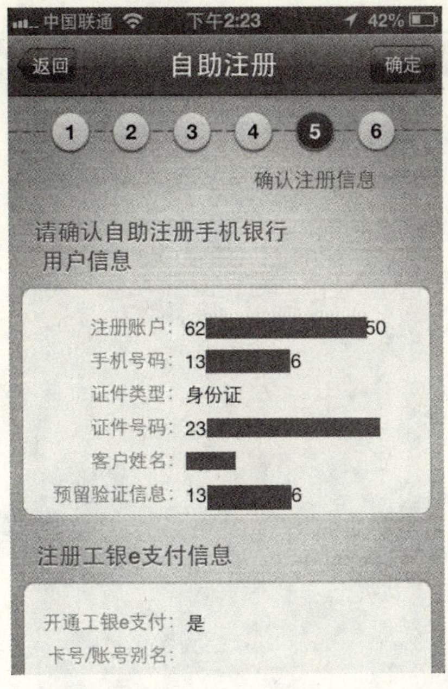

图 1-54 确认信息

(7)提示成功开通手机银行并登录(见图 1-55)。

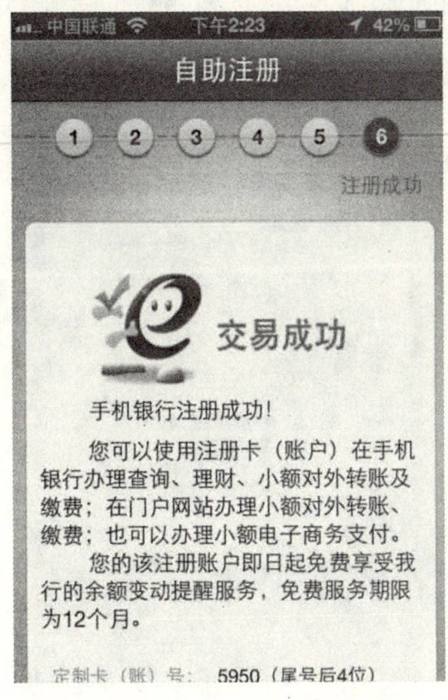

图 1-55 注册成功提示页面

(二)手机银行登录

(1)用户通过注册过的手机号码进入手机银行的个人账户,登录时可以定义记住手机号码(见图 1-56);

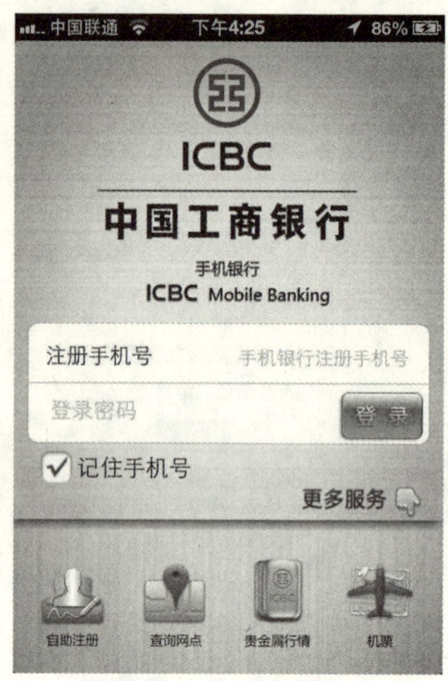

图 1-56 登录页面

(2)账户成功登录后显示欢迎页,提示用户的星数级别、用户上次登录的时间 、预留验证信息、注册方式、认证方式和转账的金额,点击进入主菜单进入手机银行(见图 1-57)。

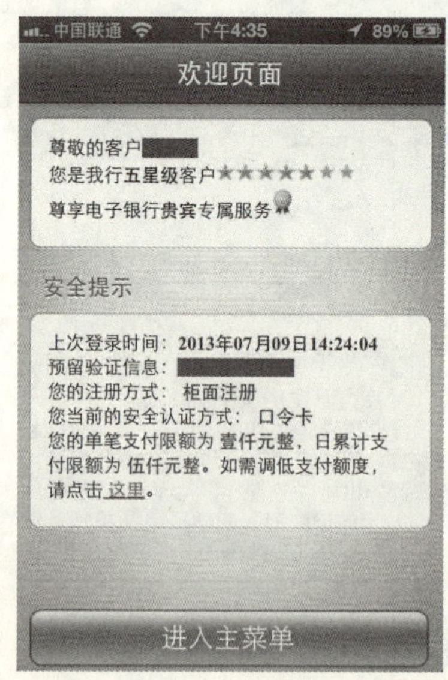

图 1-57 欢迎页面

(三)手机银行的功能和操作

工商银行手机银行为用户提供预览模块,不用登录手机银行也能查看和使用自主注册、查询网点、贵金属行情、飞机票、基金行情、外汇行情、工行理财、工银 e 支付、优惠活动、重要公告、业务指南、联系我们、工商商城、手机充值、电影票、高尔夫、存贷利率、大智慧、理财计算器、特惠商户、短息银行、U 盾助手、国航专区等增值业务及客户服务功能。当预览内容需要涉及账户参与时,提示用户登录手机银行(见图 1-58)。

图 1-58　预览模块

手机银行的各项功能跟网上银行的功能大体是一致的。以通过手机银行转账汇款为例,介绍手机银行操作流程:

(1)点击“转账汇款”图标(见图 1-59);

图 1-59　手机银行主菜单

(2)进入转账汇款界面(见图 1-60);

图 1-60　转账汇款页面

(3)注册账户转账(见图 1-61);

图 1-61　注册账户转账

(4)录入转账信息(见图 1-62);

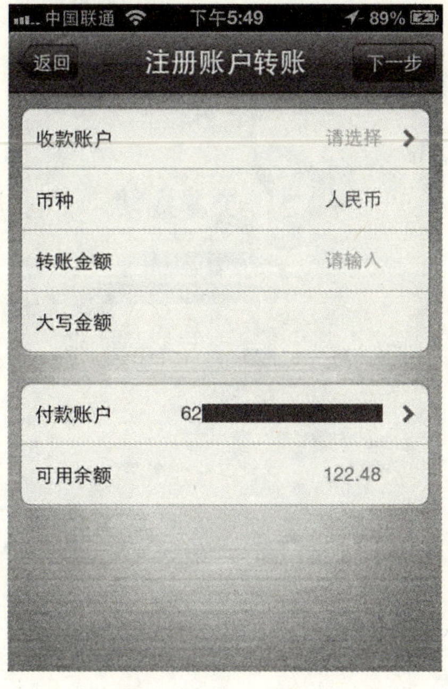

图 1-62　录入转账信息

(5)确认转账信息(见图 1-63);

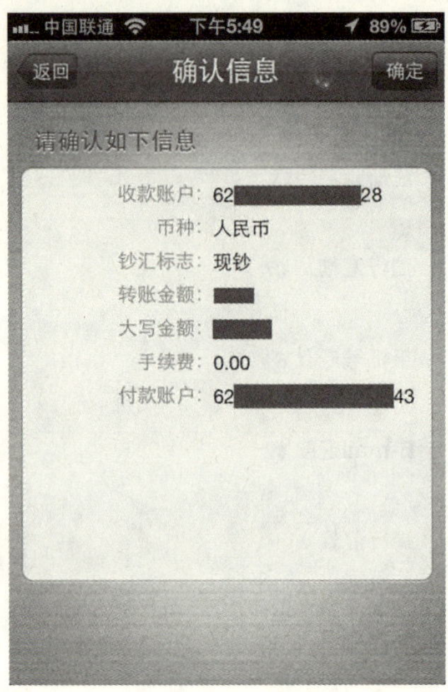

图 1-63　确认转账信息

(6)提示交易成功(见图 1-64)。

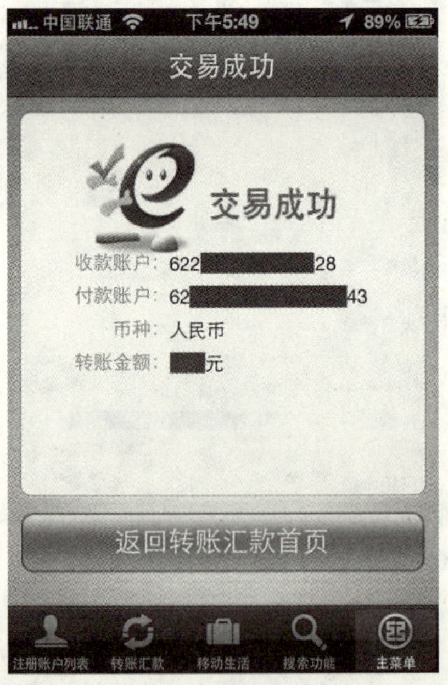

图 1-64　交易成功提示

第二章 互联网保险

第一节 互联网保险概述

一、什么是互联网保险

互联网保险,指实现保险信息咨询、保险计划书设计、投保、交费、核保、承保、保单信息查询、保全变更、续期交费、理赔和给付等保险全过程的网络化。互联网保险是新兴的一种以计算机互联网为媒介的保险营销模式,有别于传统的保险代理人营销模式。

二、我国互联网保险发展现状

1997 年,我国第一家保险网站——中国保险信息网成立,标志着保险电子商务的开启。2000 年 8 月,国内两家知名保险公司太平洋保险和平安保险几乎同时开通了自己的全国性网站。同年 9 月,泰康人寿保险公司开通泰康在线。之后,国内大型保险公司开始逐步建立了公司门户网站,但当时还谈不上真正意义上的互联网保险。直到 2005 年 4 月,中国人保公司签售了国内第一张电子保单,我国才出现了真正意义上的互联网保险。此后,互联网保险逐渐进入市场细分、竞争加剧的阶段,并在竞争中得到了较大发展。

中国保险监督管理委员会发布的《2014 年互联网保险行业发展形势分析》报告显示:

2014年互联网保险累计实现保费收入858.9亿元，同比增长195%，远高于同期全国电子商务交易增速。从2011年到2014年，互联网渠道保费规模提升了26倍，占总保费收入的比例由2013年的1.7%增长至4.2%，对全行业保费增长的贡献率达到18.9%，比上年提高8.2个百分点，成为拉动保费增长的重要因素之一。财产保险公司互联网业务累计保费收入505.7亿元，同比增长114%，占产险累计原保费的6.7%，同比提高3.1个百分点。人身保险公司互联网业务实现保费收入353.2亿元，同比增长5.5倍，占人身险累计原保费的3%，同比增长2.3个百分点；与2011年相比，爆发性增长了33倍，年均增长率达到225%。2015年上半年我国通过互联网渠道销售的保险累计保费收入816亿元，是上年同期的2.6倍，占行业总保费4.7%，这一收入已逼近去年互联网保险全年保费水平，对全行业保费增长的贡献率达到14%。不可否认的是，随着《互联网保险业务监管暂行办法》的下发，互联网保险逐渐崭露头角，在所有互联网金融的子行业中，成为最具发展前景的细分子行业。

2014年互联网保险市场不断扩容，全行业经营互联网保险业务的保险公司达到85家(中资公司58家，外资公司27家)，全年新增26家。开展互联网业务的财产保险公司总数达33家，较2011年翻了两番，其中中资公司25家，外资公司8家。开展互联网业务的人身保险公司总数达52家，约为2011年的3倍，占人身险公司总数的7成以上，其中中资公司34家，外资公司18家。

互联网保险官网访问量不断攀升，2014年实现了18亿人次的突破，同比增长近4成，日均访问量超过370万人次。其中，财产保险公司官网累计访问量为8.6亿人次，人身保险公司官网累计访问量近10亿人次。产寿险各有6家公司访问量过千万，其中泰康人寿、平安产险、太保产险和太保寿险的访问量均在亿次以上。

三、互联网保险的优势

(一)客户能自主选择产品

相比传统保险推销的方式，网络保险让客户能自主选择产品。客户可以在线比较多家保险公司的产品，保费透明，保障权益也清晰明了，这种方式可让传统保险销售的退保率大大降低。

(二)服务更便捷

网上在线产品咨询、电子保单发送到邮箱等都可以通过轻点鼠标来完成。

(三)理赔更轻松

互联网让投保更简单,信息流通更快,也让客户理赔不再像以前那样困难。

(四)保险公司同样能从网络保险中获益多多

首先,通过网络可以推进传统保险业的加速发展,使险种的选择、保险计划的设计和销售等方面的费用减少,有利于提高保险公司的经营效益。据有关数据统计,通过互联网向客户出售保单或提供服务要比传统营销方式节省58%至71%的费用。

四、什么险种适合网上投保

目前在保险销售网络平台上,主要有汽车保险、意外保险(包括交通意外险、旅游意外险和综合意外险)、家庭财产险和重大疾病保险等。一些比较复杂的保险产品,例如养老保险、万能保险、分红两全保险等,还是需要在专业代理人的讲解和协助下完成投保。

(一)汽车保险

汽车保险的学名是“机动车辆保险”,是以机动车辆本身及其第三者责任等为保险标志的一种运输工具保险。随着经济的发展,机动车辆的数量不断增加。当前,机动车辆保险已成为中国财产保险业务中最大的险种。机动车辆保险已涵盖汽车危险事故的大部分,中国交通部已强制购车人员购买机动车辆保险,以保证在车祸事故中,受害人正当权益得到保障。机动车辆保险一般包括交强险和商业险,商业险又包括基本险和附加险两部分。基本险分为车辆损失险、第三者责任保险、全车盗抢险(盗抢险)、车上人员责任险(司机责任险和乘客责任险),附加险包括玻璃单独破碎险、划痕险、自燃损失险、涉水行驶险、无过失责任险、车载货物掉落责任险、车辆停驶损失险、新增加设备损失险、不计免赔特约险等。玻璃单独破碎险、自燃损失险、新增加设备损失险,是车身损失险的附加险,必须先投保车辆损失险后才能投保这几个附加险。车上人员责任险、无过错责任险、车载货物掉落责任险等,是第三者责任险的附加险,必须先投保第三者责任险后才能投保这几个附加险;每个险别不计免赔是可以独立投保的。

(二)意外险

1. 交通意外险

交通意外险,是以被保险人的身体为保险标的,被保险人(乘客)在乘坐客运大众交通工具期间因遭受意外伤害事故导致意外身故、残疾或者医疗费用支出等为给付保险金条件的保险。投保交通工具意外险后，在保障年限内，乘坐飞机、轮船、火车等，如发生交通意外都有保障。而保额为 40 万元一年期的交通工具意外险，保费才不到 40 元。因此，一年内可能会多次出行的旅客，不妨为自己购买一份交通工具意外险。

2. 旅游意外险

旅游意外险是被保险人在保险期限内，在出差或旅游的途中因意外事故导致死亡或伤残，或保障范围内其他的保障项目，保险人应承担的保险责任。保费一般在 10 元到 100 元之间，但要注意旅游意外险的除外条款，游客如因一些高危或者探险活动出现意外，旅游意外险是不赔的。

3. 综合意外险

综合意外险，是以被保险人的身体作为保险标的，以被保险人因遭受意外伤害而造成的死亡、残疾、医疗费用支出或暂时丧失劳动能力为给付保险金条件的保险。承保的风险是意外伤害，即外来的、突发的、非本意的客观事件为直接且单独的原因致使身体受到的伤害。意外是无处无时不在的，意外险作为个人保险规划中的第一份保险，是人人都应该购买的。经常驾车出行的人，一定要为自己投保人身意外伤害保险，经常外出旅游的人要特别关注旅游险。因此，每个人都应该为自己投一份意外险，规避个人意外风险，减少经济损失。

(三)家庭财产险

家庭财产险是面向城乡居民家庭的基本险种，也是个人和家庭投保的最主要险种。它承保城乡居民存放在固定地址范围且处于相对静止状态下的各种财产物资，凡属于被保险人所有的房屋及其附属设备、家具、家用电器、非机动交通工具及其他生活资料均可以投保家庭财产保险，农村居民的农具、工具、已收获的农副产品及个体劳动者的营业用器具、工具、原材料、商品等亦可以投保家庭财产保险。经被保险人与保险人特别约定，并且在保险单上写明属于被保险人代管和共管的上述财产，也属可保财产范围。但下列财产一般除外：一是金银、首饰、珠宝、货币、有价证券、票证、邮票、古玩、字画、文件、账册、技术资料、图表、家畜、花、树、鱼、鸟、盆景及其他无法鉴定价值的财产；二是正处于紧急风险状态的财产。

(四)重大疾病险

重大疾病险，是指由保险公司经办的以特定重大疾病，如恶性肿瘤、心肌梗死、脑溢血等为保险对象，当被保人患有上述疾病时，由保险公司对其所花医疗费用给予适当补偿的商业保险行为。根据保费是否返还来划分，可分为消费型重大疾病险和返还型重大疾病险。

五、互联网保险的主要模式

(一)保险公司自建网站

保险公司自建网站主要推销自家险种,如平安保险的PA18、泰康在线等。以泰康人寿e站到家为例,主要销售意外险、旅游险、少儿险、女性险、健康险、定期寿险、养老险和理财险等。

优点:有助于保险公司品牌建设与推广。官网销售注重品牌效应,可以为具有品牌忠诚度的客户提供网上购买渠道,对产品的介绍较专业、集中、详细。

缺点:网站建设和维护的成本高,为了增加流量和获得广告投入,需要企业具有雄厚的资本,而且访问流量有限,客户无法横向对比,销量上无法保障。

(二)第三方电子商务平台(电子商务渠道)

第三方电子商务平台指保险公司利用大型第三方电商平台,以店铺的形式组织销售保险产品。比如,目前已有多家保险公司进驻淘宝网平台开设旗舰店,集中售卖自己的保险产品。此外,像京东商城、网易、和讯等网站也开设了保险频道。

以淘宝网为例,淘宝"保险理财"服务板块,销售车险、意外险、健康险和家财险。每一类目下,又有保险公司、保障类型、保额、期限等子类目。每一种产品的购买页面,有"宝贝详情"和"成交记录",便于客户对比产品和选择。还有在线客服,方便与商家直接联系。与一般的生活服务领域网购体验相似。

优点:流量大,用户多;产品全,便于比较;销售成本降低;与目前互联网行业中多数生活服务领域的业务相似,购买体验好,为大众所普遍接受。

缺点:服务流程不完整,后续服务如理赔等仍需落地服务;存在销售误导性质的宣传,需要更到位的监管。

(三)专业中介代理

专业中介代理是由保险专业经纪或代理公司建立的网络销售平台。专业中介代理网站有中民保险网、优保网、慧择网、大童网等。

以慧择网为例,寿险、意外险、健康险、车险、家财险和企业险等险种涉猎全面。每一险种可以按照期限和保险金等进行筛选。用户评价给投保人提供了选择产品的参考。还有典型案例和购买提示,对产品的介绍和讲解比较专业、客观。每一产品页面上有黑色字体提示"投保险请您仔细阅读"一栏,包括产品条款、保险金赔付比例、索赔方式、特别约定、客户告知书,做到了保险要求的最大诚信原则,尽到了明确告知的义务。另外还有“同款产品不同计划”和“同款产品热销排行”,便于客户比较和选择。用户可以获得从投保到保单服务和报案理赔的一站式在线服务。

优点:其功能类似于保险超市,可以提供多家保险公司的产品和服务,种类丰富,产品对比和筛选起来比较方便,咨询也更为便捷,用户在这里可以得到全面的一站式在线服务,相对而言专业化程度较高。

缺点:目前这一渠道尚未发展形成规模,广大消费者接受度低,主动寻找专业中介机构网站购买保险的欲望不高,因此受众面较窄。

(四)专业互联网保险公司

2013 年,国内首家专业互联网保险公司众安财产保险公司成立,通过“众安在线”开展专业网络保险销售。主要经营与互联网交易直接相关的企业或家庭财产保险、货运保险、责任保险、信用保证保险、短期健康或意外伤害保险;经中国保险监督管理委员会批准的其他业务。2015 年 6 月 24 日、25 日,保监会新发了 3 张互联网险企牌照,批准筹建易安财产保险股份有限公司、安心财产保险有限责任公司、泰康在线财产保险股份有限公司三家互联网保险公司。

优点:腾讯和阿里为众安保险提供了强大的渠道资源。作为中国最大电商的阿里巴巴,拥有的大量客户涵盖了企业和个人,这些客户不但能成为互联网保险产品的消费者,而且阿里还掌握着大量客户群的信用水平和交易记录,这成为众安保险研发新产品的重要资料库。同时,阿里集团旗下的支付宝拥有庞大的用户群,能够为客户提供即时消费、安全支付的保证,使得客户在购买保险产品的同时,保证支付的安全性。腾讯拥有大量的个人用户基础的同时,还有丰富的媒体资源和营销渠道。

中国平安保险专业于发掘保险产品市场需求、保险产品设计、保险费率厘定、保险产品定价、保险准备金提取,旗下庞大的开发、精算、销售及理赔团队,可为众安保险的产品供应提供强大保障。

缺点:目前产品较为单一,待创新。

第二节　互联网保险投保

本节以中国平安为例,通过交强险、自驾游保险的投保操作来介绍保险网上投保流程。

中国平安保险(集团)股份有限公司于 1988 年诞生于深圳蛇口,是中国第一家股份制保险企业。截至 2015 年 6 月 30 日,集团总资产达 4.63 万亿元。从保费收入来衡量,平安寿险为中国第二大寿险公司,平安产险为中国第二大产险公司。

在此说明,本节以平安保险为例,仅作演示之用,是出于展示的便利,不意味着任何推荐或操作建议。

(一)中国平安交强险网上投保流程

(1)登录平安保险商城网站:http:// baoxian. pingan. com(见图 2-1)。

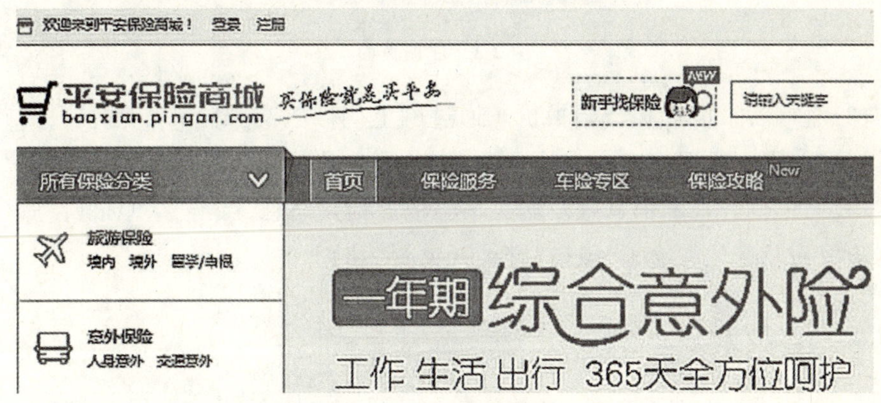

图 2-1　平安保险商城网站

(2)点击页面左上角“注册”,在注册页面输入手机号码、密码等进行注册(见图 2-2)。

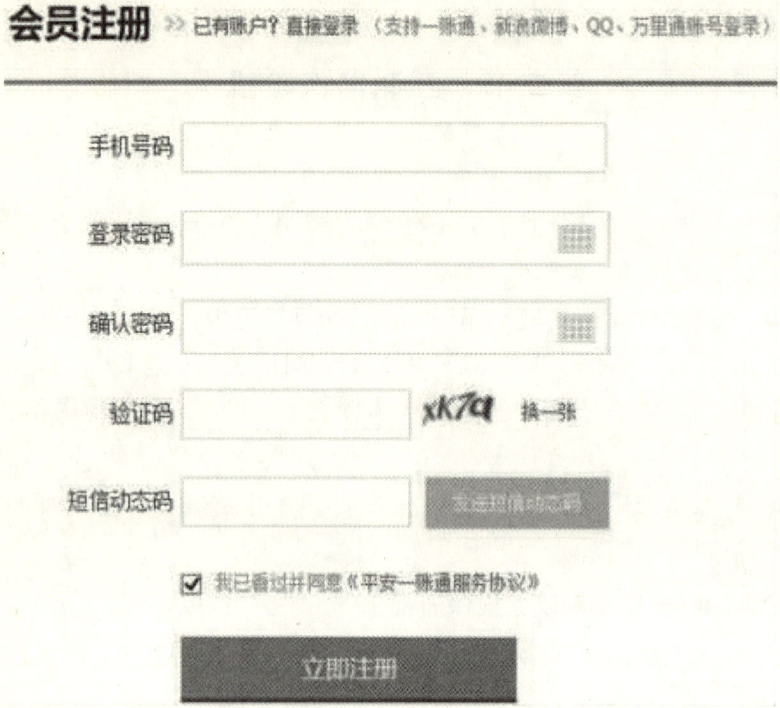

图 2-2　注册页面

(3)填写联系信息和开始报价。通过网上门店的交强险和车船税页面或其他链接进入网上投保汽车交强险页面,按提示选择车辆所在城市,然后填写个人基本信息、车辆的基本信息以及购买车船税等相关信息,点击“立即报价”后显示交强险保费及车船税金额,点击“继续”(见图 2-3)。

车辆所在城市	山东省 济南市
您上年在平安投保	○是 ⊙否
您的姓名	
称谓	⊙先生 ○女士
手机 固定电话 小/大灵通	（以下三种联系电话请至少填写一个，建议填写手机或大小灵通号码以接收短信提醒服务） 13 - -
Email地址	li （正确的Email地址，能及时收到投保单处理状态信息，以及平安最新的产品服务和优惠活动通知。）

获取准确报价,请继续填写以下信息

车牌号	* - *（格式：京A-A1818 未上牌填写：*-*）
发动机号	HJ（请您参照行驶证填写）忘记发动机号
车架号/VIN号	DF（请您参照行驶证填写）忘记车架号/VIN号
车辆排气量	1.6 L（格式：1.6L）
车辆座位数	6座以下
车辆初登年月	2007 年 01 月
保险期限	2007-10-28 零时起至 2008 年 10 月 27 日 二十四时止 （遇节假日,起保日期最早为节假日结束日+2天）
车船税信息	本年度未缴

重新报价

年保费	945.0 元
车船税	105.0 元
合 计	1050.0 元

继续　暂存离开

图 2-3 填写信息和开始报价

(4)交强险费率浮动信息确认。仔细阅读机动车辆强制责任保险费率浮动告知单,并点击“确认以上信息”按钮(见图 2-4)。

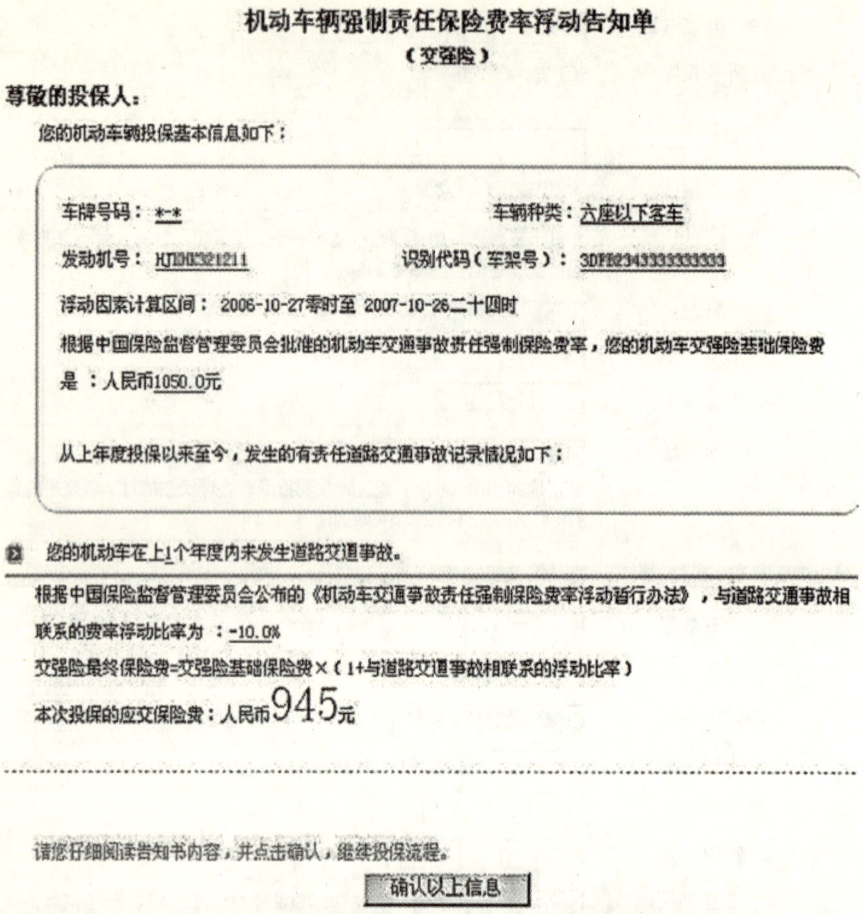

机动车辆强制责任保险费率浮动告知单

（交强险）

尊敬的投保人：

您的机动车辆投保基本信息如下：

车牌号码：*-*　　车辆种类：六座以下客车

发动机号：HJDDC321211　　识别代码（车架号）：3DFB2343333333333

浮动因素计算区间：2006-10-27零时至 2007-10-26二十四时

根据中国保险监督管理委员会批准的机动车交通事故责任强制保险费率，您的机动车交强险基础保险费是：人民币1050.0元

从上年度投保以来至今，发生的有责任道路交通事故记录情况如下：

您的机动车在上1个年度内未发生道路交通事故。

根据中国保险监督管理委员会公布的《机动车交通事故责任强制保险费率浮动暂行办法》，与道路交通事故相联系的费率浮动比率为：-10.0%

交强险最终保险费=交强险基础保险费×（1+与道路交通事故相联系的浮动比率）

本次投保的应交保险费：人民币945元

请您仔细阅读告知书内容，并点击确认，继续投保流程。

确认以上信息

图 2-4　机动车辆强制责任保险费率浮动告知单

(5)填写投保信息。填写车辆信息、投保人信息、被保险人信息等内容。部分投保人信息由上一页自动带入本页，并可以修改，如果投保人信息与被保险人信息是同一个人，那么只要选择“同投保人”即可，在正确填写所有信息后，可以选择“继续”（见图 2-5）。

● 报价　基本信息　● 选择支付方式　● 完成投保

· 车辆信息

车辆品牌型号　qq　查询（请输入关键字，如“别克君威”）

奇瑞汽车-奇瑞SQR7110S116轿车-手动档 精英型 国III-2006

发动机号　（请您参照行驶证填写）

车架号/VIN号　（请您参照行驶证填写）

行驶证车主姓名

· 投保人信息　以下信息如果有误，可以直接更改

投保人姓名

证件类型　居民身份证

证件号码

（以下三种联系电话请至少填写一个，建议填写手机或大小灵通号码以接收短信提醒服务）

手机　134

固定电话　-

小/大灵通　-

联系地址

Email地址

（正确的Email地址，能及时收到投保单处理状态信息，以及平安最新的产品服务和优惠活动通知。）

· 被保险人信息

请选择您与被保险人的关系　同投保人

出生日期　1977 年 09 月 27 日

性别　男　女

上一页　继续　暂存离开

图 2-5　填写投保信息

(6)选择支付方式。选择支付方式和填写收单人的详细信息。在本页还可以预览投保申请单和查阅《机动车辆交通事故责任强制保险条款》(以下简称《条款》),在确认提交投保申请前请务必核对投保单及《条款》,点击“继续”(见图 2-6)。

● 报价 ● 基本信息 选择支付方式 ● 完成投保

• 请选择适合您的收单及付费方式

○ 信用卡支付

我们目前已开通中国银行、建设银行、工商银行、民生银行境内信用卡的支付功能，支付更快捷，欢迎使用！

◉ 网上银行支付，把保单寄给我

我们现在支持工商银行、招商银行、农业银行、建设银行等全国二十多家银行的网上支付功能，如您第一次网上支付，请阅读网上支付说明。

○ 需要平安上门送单收费

您所需要支付的交强险和车船税

合计 1050.0 元

• 收单人信息

为了确保您能及时收到保单，请您准确填写收单人信息

收单人

保单递送地址

邮编 25

（以下三种联系电话请至少填写一个，建议填写手机或大小灵通号码以接收短信提醒服务）

手机 13

固定电话 -

小/大灵通 -

• 请 预览 您的投保申请单，如发现填写有误，请点击投保单预览页中“返回修改”按钮对已填写内容进行修改。

• 在您正式提交投保申请前，请认真阅读投保申明

• 本投保人兹申明上述各项内容填写属实，并知道如果投保信息不真实，保险公司将有权拒赔，一切后果本人承担。

• 本投保人已阅读，《机动车辆事故责任强制保险条款》查看条款全文并特别就条款中有关责任免除和投保人、被保险人义务的内容进行阅读。本投保人特此同意接受条款全部内容。

• 对于以上投保申明 ◉ 我接受 ○ 我不接受

上一页 继续 暂存离开

图 2-6 选择支付方式和填写收单人信息

(7)投保申请单预览。在选择支付页面中点击“预览”后会弹出投保单预览页面。如果有问题,可点击“返回修改”以确保无误(见图 2-7)。

投保人信息：

投保人姓名		性别		固定电话		大/小灵通	
联系手机号码		E-mail		证件名称	居民身份证	证件号码	320

返回修改

车辆信息：

厂牌车型	0S21轿车	初次登记年月	7年01月		
发动机号		行驶证车主		车 架 号	

返回修改

保险期限：

自 7年8月11号零时起 至 8年8月10号二十四时止

返回修改

保障责任及保费：

保险责任	赔偿限额（元）
死亡伤残赔偿限额	50000
医疗费用赔偿限额	8000
财产损失赔偿限额	2000
无责任死亡伤残赔偿限额	10000
无责任医疗费用赔偿限额	1600
无责任财产损失赔偿限额	400

保险费合计人民币945.0（元）

图 2-7　投保申请单预览

(8)投保成功提示。已成功提交投保申请,点击“立即支付”按钮进入支付页面进行支付(见图 2-8);如果在本页面上没有看到“立即支付”按钮(见图 2-9),则这次的投保还需等待公司专业人员的确认,确认后再支付保费。

• 报价 • 基本信息 • 选择支付方式 完成投保

• 投保申请提交成功

尊敬的 先生：

您的投保申请已提交，您的投保申请号是：

我们已经向您的邮箱发送该电子投保申请单，请注意查收。（视网络状况可能会有延时）

要现在生成保单您可以现在就进行网上支付！

您所需要支付的交强险和车船税

合计 1050.0 元

如果您是第一次使用网上支付，请阅读网上支付说明

• 网上支付

• 我们现在支持工商银行、招商银行、农业银行、建设银行等全国二十多家银行的网上支付功能。

• 如果您是第一次网上支付，请阅读网上支付说明

立即支付

• 无法进行网上支付？

您的投保信息已被保存，如果暂时无法进行网上支付，可能因您的银行卡尚未开通网上支付功能。在开通您银行卡的网上支付功能后，可以随时回到本网站通过“网上投保记录查询”功能找回您的投保信息，支付并完成投保。您的查询条件为：

查询人姓名	
证件号码	
Email地址	

图 2-8　完成投保提示

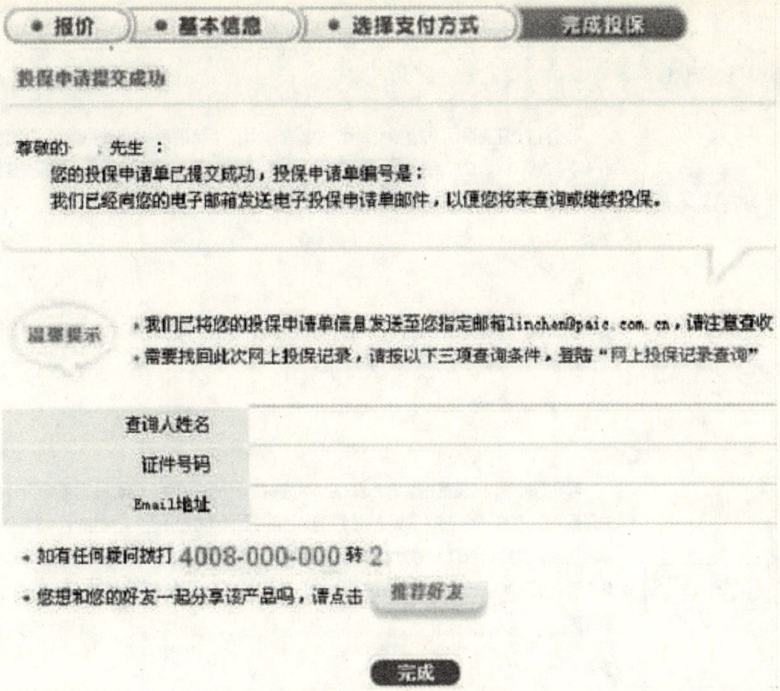

● 报价 ● 基本信息 ● 选择支付方式 完成投保

投保申请提交成功

尊敬的 先生：

您的投保申请单已提交成功，投保申请单编号是：

我们已经向您的电子邮箱发送电子投保申请单邮件，以便您将来查询或继续投保。

温馨提示

·我们已将您的投保申请单信息发送至您指定邮箱linchen@paic.com.cn，请注意查收

·需要找回此次网上投保记录，请按以下三项查询条件，登陆"网上投保记录查询"

查询人姓名	
证件号码	
Email地址	

·如有任何疑问拨打 4008-000-000 转 2

·您想和您的好友一起分享该产品吗，请点击 推荐好友

完成

图 2-9 投保需进一步确认

(9)网上支付。选择网上支付银行，点击"下一步"进入相应银行网站，进入支付流程(见图 2-10)。

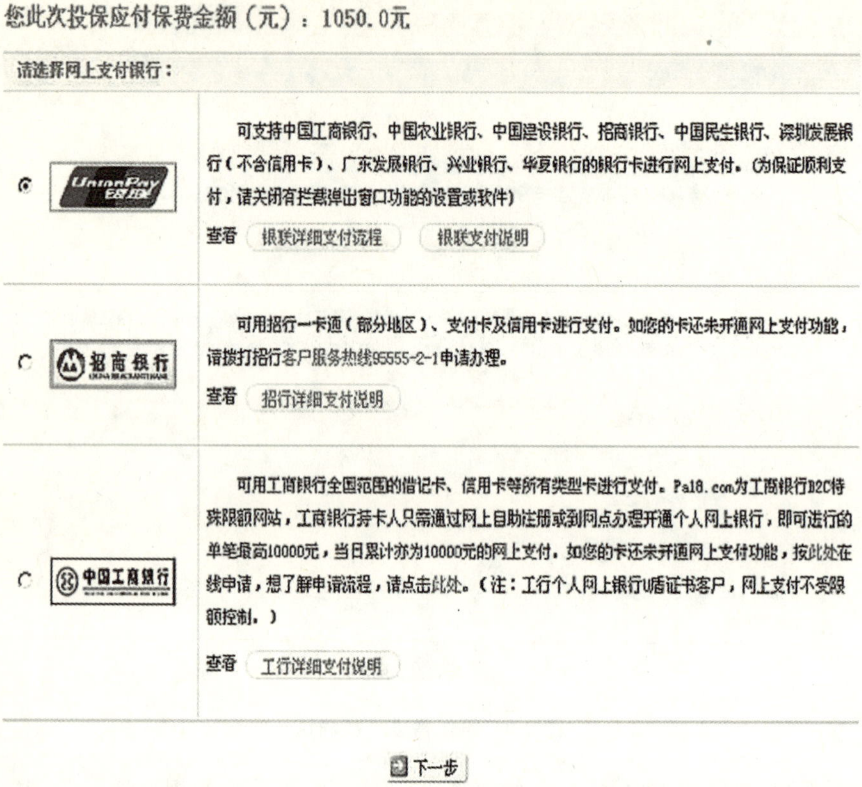

您此次投保应付保费金额（元）：1050.0元

请选择网上支付银行：

UnionPay 银联

可支持中国工商银行、中国农业银行、中国建设银行、招商银行、中国民生银行、深圳发展银行（不含信用卡）、广东发展银行、兴业银行、华夏银行的银行卡进行网上支付。（为保证顺利支付，请关闭有拦截弹出窗口功能的设置或软件）

查看 银联详细支付流程 银联支付说明

招商银行

可用招行一卡通（部分地区）、支付卡及信用卡进行支付。如您的卡还未开通网上支付功能，请拨打招行客户服务热线95555-2-1申请办理。

查看 招行详细支付说明

中国工商银行

可用工商银行全国范围的借记卡、信用卡等所有类型卡进行支付。Pa18.com为工商银行B2C特殊限额网站，工商银行持卡人只需通过网上自助注册或到网点办理开通个人网上银行，即可进行的单笔最高10000元，当日累计亦为10000元的网上支付。如您的卡还未开通网上支付功能，按此处在线申请，想了解申请流程，请点击此处。（注：工行个人网上银行U盾证书客户，网上支付不受限额控制。）

查看 工行详细支付说明

下一步

图 2-10　网上支付

(10)保存投保信息。填写姓名、证件号码、E-mail 地址三项信息，点击“确定”(见图 2-11)。

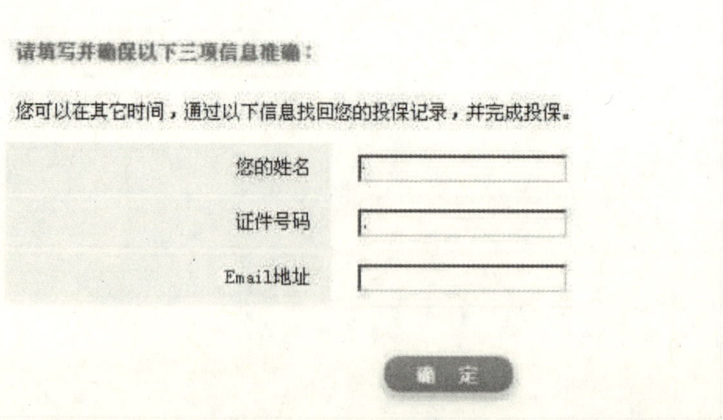

请填写并确保以下三项信息准确：

您可以在其它时间，通过以下信息找回您的投保记录，并完成投保。

您的姓名

证件号码

Email地址

确　定

图 2-11　保存投保信息

(11)网上投保记录查询。进入“网上投保自助服务”页面,在输入投保人姓名、证件号码、E-mail 后,点击“确定”(见图 2-12)。

图 2-12 网上投保自助服务页面

(12)投保记录查询结果。在登录后即可查询到在网上投保的所有险种的投保支付情况,对未完成投保的可以继续投保或修改,对已完成投保的可以进行网上支付、下载电子投保单、保单等操作(见图 2-13)。

网上投保自助服务

网上投保记录查询结果

投保产品	投保申请单/暂存单号	投保日期	保费	投保状态	选择
汽车交强险		-10-26	945+105.0	核保进行中	
境外留学或工作保险		-08-31	335	待支付	

修改投保资料　继续投保　保单下载　支付保费　取消投保　刷 新

图 2-13 投保记录查询结果

(二)自驾游保险投保步骤

自驾游在外,驾车人对路况的熟悉程度远低于日常驾车,事故发生率较高。而旅游途中道路拥挤,也可能增加车辆剐蹭的概率。此外,若是碰上恶劣天气,野外自驾游还有遭遇滑坡、雷击等的风险。针对以上可能存在的灾害,市民在出行前最好配备好相关的保险,让旅途无后顾之忧。

1. 填写投保计划

根据提示填写被保险人人数、行程日期、保额等信息,点击“立即投保”(见图2-14)。

国内旅游-自驾游保险

*被保险人总数 1 人

*其中未成年人数 0 人 未成年人指未满18周岁人士

*旅行开始日期 2014-10-14 零时起

*旅行结束日期 2014-10-14 二十四时止，共 1 天

基本保障		保险金额(每人)
*意外伤害身故/残疾	承保范围	10 万元
*意外伤害医疗	承保范围	2 万元
自驾游意外伤害身故/残疾	承保范围	10 万元

附加保障		保险金额(每人)
住院津贴	承保范围	不投保 元/天
突发急性疾病身故	承保范围	不投保 万元
境内紧急医疗救援	承保范围	赠送
酒店住宿意外伤害身故/残疾/烧烫伤	承保范围	不投保 万元
行李/证件损失	承保范围	不投保 元

保费信息：

直通价：3.6元

立即投保

图 2-14 填写投保计划

2. 填写投保信息

填写投保人信息、被保险人信息、选择受益人指定方式,点击“下一步”(见图 2-15)。

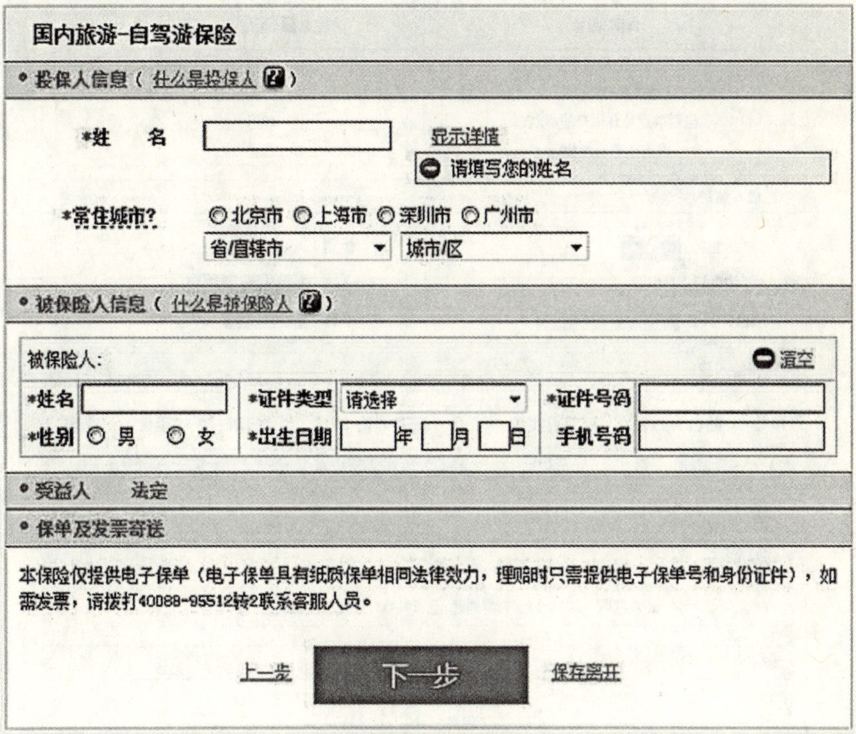

图 2-15　填写投保信息

3. 确认投保信息

确认保险金额、投保人信息、被保险人信息、受益人指定方式、保险期限等是否有误,无误的确认进入下一个界面(见图 2-16)。

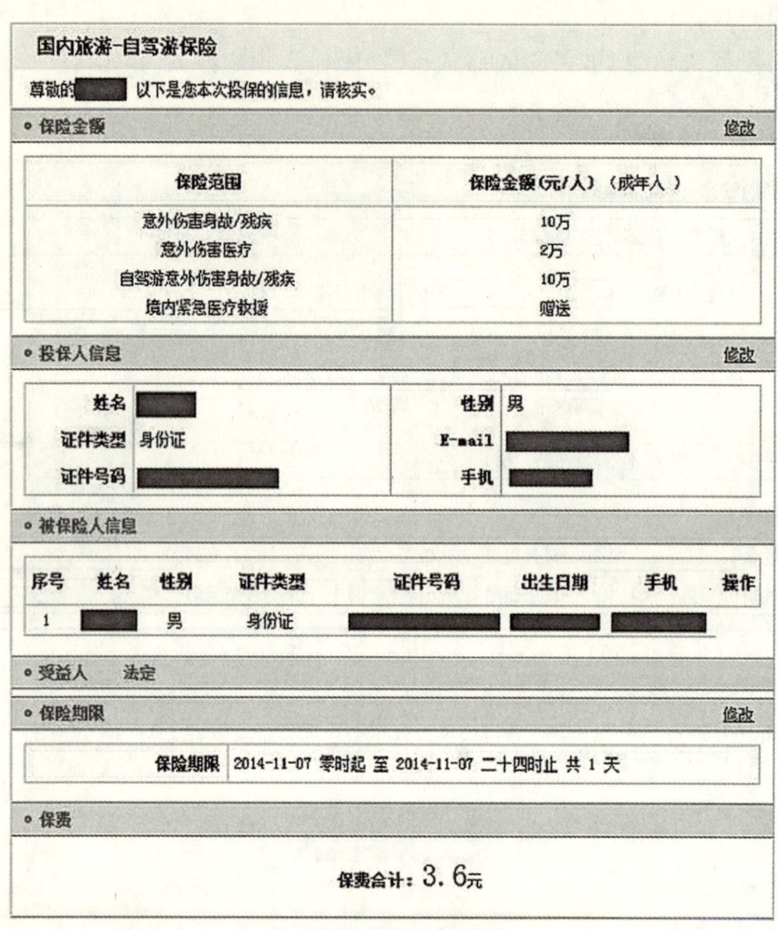

国内旅游-自驾游保险

尊敬的[涂黑] 以下是您本次投保的信息，请核实。

保险金额　修改

保险范围	保险金额(元/人)（成年人）
意外伤害身故/残疾	10万
意外伤害医疗	2万
自驾游意外伤害身故/残疾	10万
境内紧急医疗救援	赠送

投保人信息　修改

姓名	[涂黑]	性别	男
证件类型	身份证	E-mail	[涂黑]
证件号码	[涂黑]	手机	[涂黑]

被保险人信息

序号	姓名	性别	证件类型	证件号码	出生日期	手机	操作
1	[涂黑]	男	身份证	[涂黑]	[涂黑]	[涂黑]	

受益人　法定

保险期限　修改

保险期限　2014-11-07 零时起 至 2014-11-07 二十四时止 共 1 天

保费

保费合计：3.6元

图 2-16　确认投保信息

4.保费支付

确认信息后，进入支付界面，可以选择适合自己的支付方式(见图 2-17)。

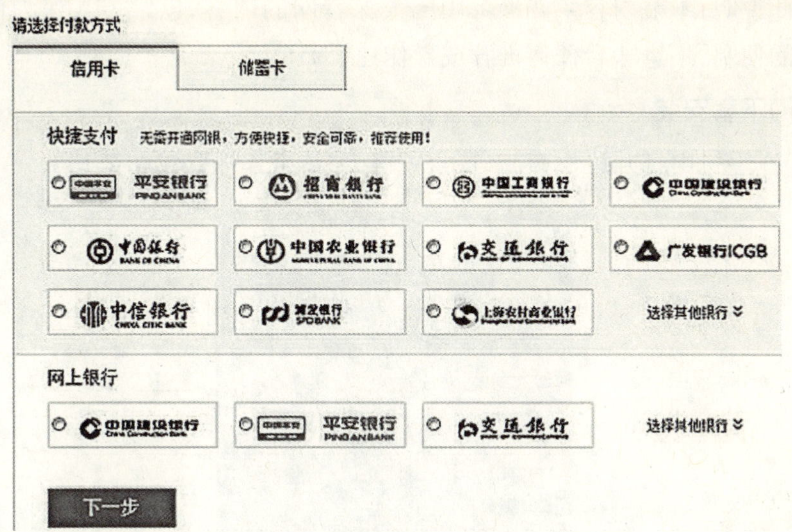

图 2-17　保费支付方式选择

5. 支付成功，投保完成

根据提示进行保费支付后，提示支付成功，投保完成(见图 2-18)。

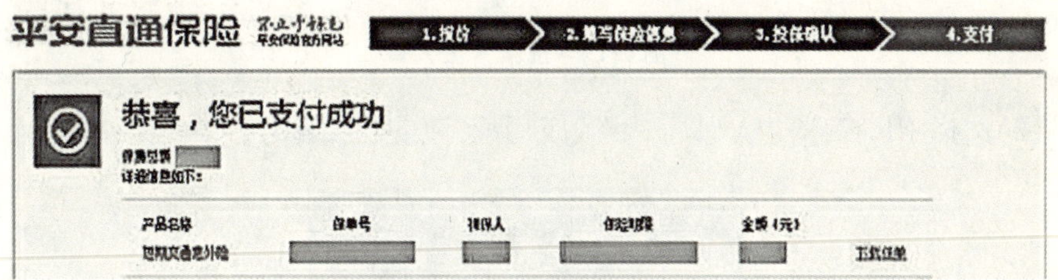

图 2-18　投保完成提示页面

第三节　移动互联网保险

本节以掌上人保为例，介绍移动互联网保险的实务操作过程。

掌上人保是中国人民财产保险股份有限公司手机客户端自助软件，可为客户提供电子查勘员、电子理赔员、电子速递员、95518 报案、理赔进度查询、网络投保、电话投保、保单查询、辅助定责、辅助拍照、理赔知识、常见工具等多项服务。

在此说明，本节内容主要参考中国人保官网的内容，以掌上人保为例，是出于展示的便利，不意味着任何推荐或操作建议。

(一)下载安装

(1)在手机中打开应用商店，搜索关键字“掌上人保”(见图 2-19)；

图 2-19　搜索掌上人保

(2)选择 PICC 掌上人保后，下载应用程序(见图 2-20)；

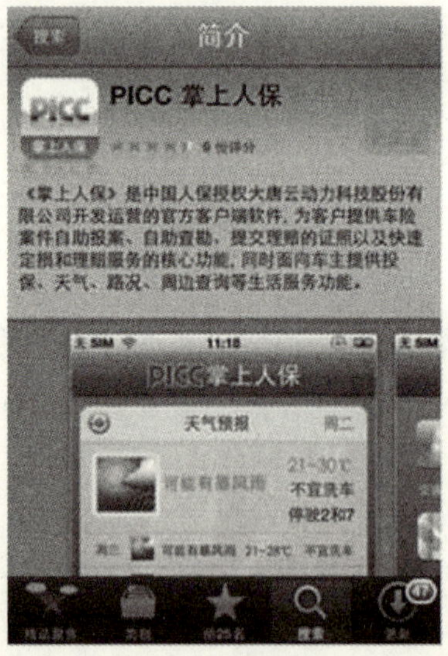

图 2-20　下载掌上人保

(3)根据提示安装成功后,显示掌上人保的界面(见图 2-21)。

图 2-21　掌上人保界面

(二)注册登录

1. 用户注册

在登录界面点击“注册”按钮,分别输入保单号、车牌号、手机号、密码、确认密码、推荐码,点击“注册”按钮,进行注册(见图 2-22)。

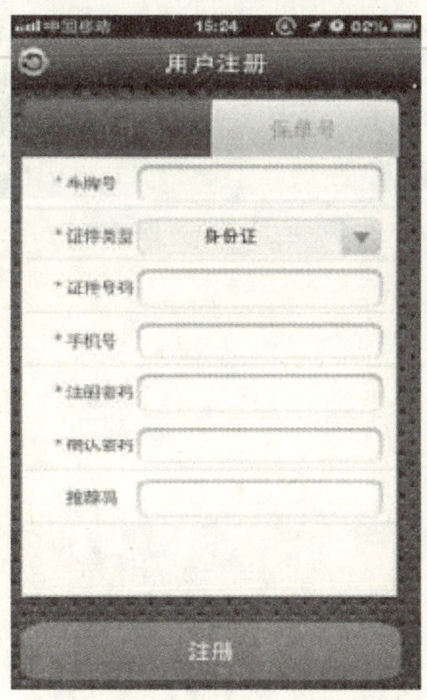

图 2-22　用户注册界面

2. 用户登录

登录页面中的车牌号默认显示为该手机注册时填写的车牌号，分别输入正确的车牌号、密码、手机号，点击“登录”按钮(见图 2-23)。

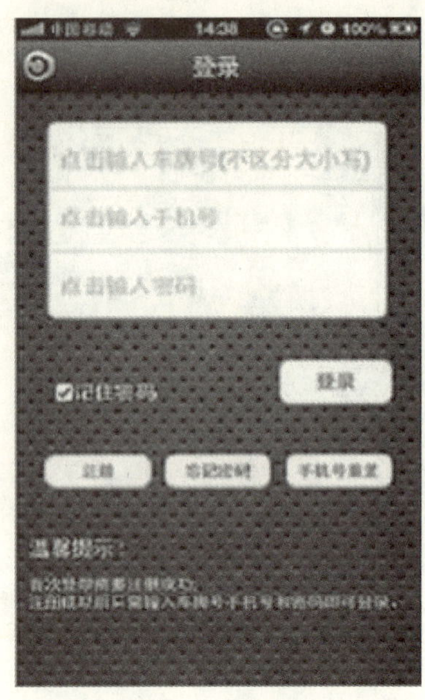

图 2-23　登录页面

3. 设置车辆信息

首次登录的用户可根据提示设置完整的车辆信息(见图 2-24)。

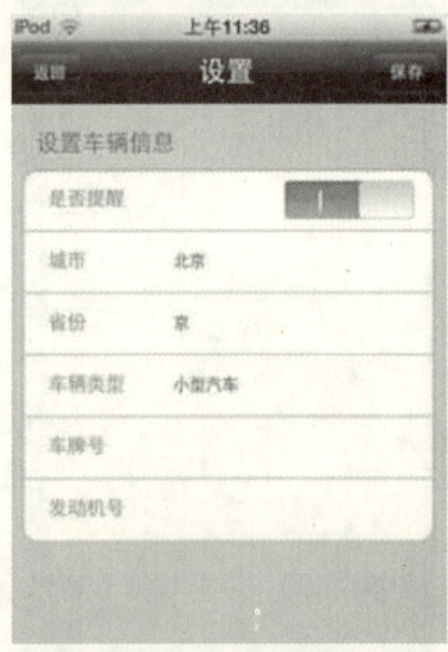

图 2-24　设置车辆信息

4. 功能介绍

掌上人保拥有网上投保、保单查询、人保微博、限速提醒、周边搜索、交通法规、保险知识、辅助定责等功能(见图 2-25)。

图 2-25　掌上人保功能介绍

(三)操作使用

1. 保养提醒

可以根据需要设置保养提醒功能(见图 2-26)。

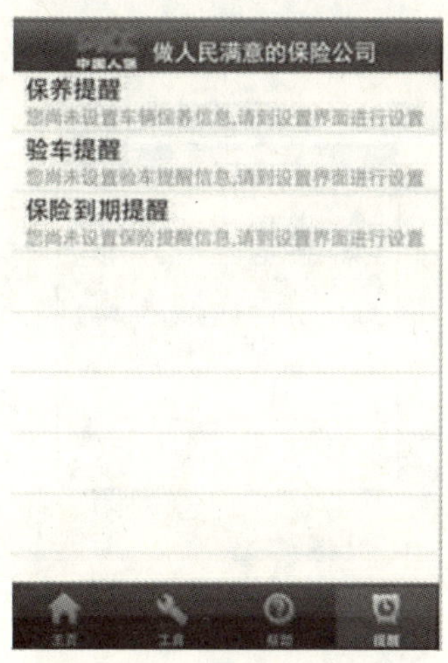

图 2-26　设置保养提醒

2. 续保提醒

因为车险一年才投保一次，为了防止断保，可以设置续保提醒。客户每次登录，系统会检查客户该登录保单有效期，如果距离保单到期的时间在设定时间范围内，会弹出提醒框提示客户保险即将到期(见图 2-27)。

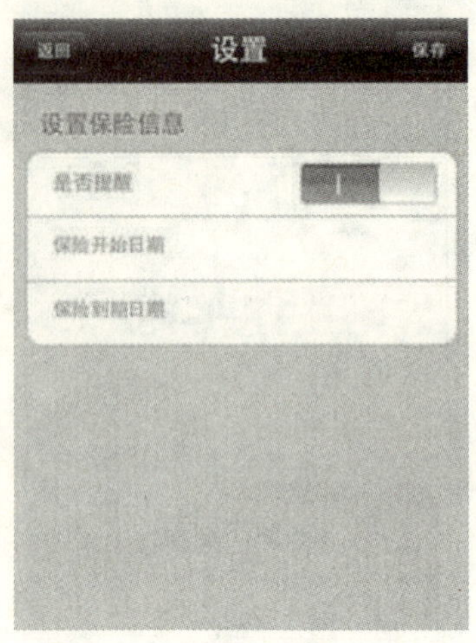

图 2-27　设置续保提醒

(四)车险报案理赔

1. 现场拍照报案

拍摄事故现场照片，拍照后系统提示拨打 95518 电话报案(见图 2-28)。

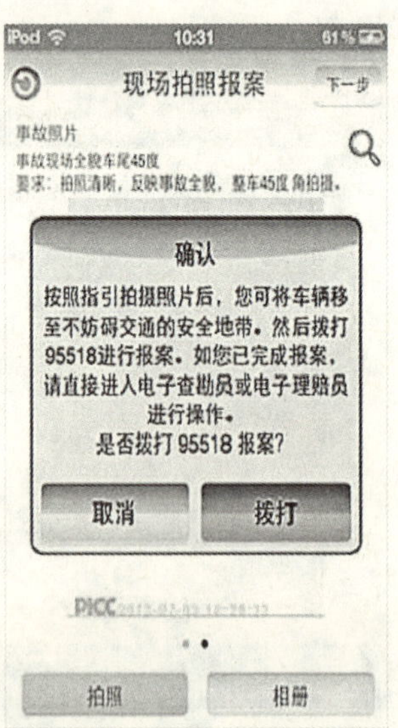

图 2-28　现场拍照报案功能

2. 电子查勘员

(1)通过拨打 95518,客服人员了解事故大致情况之后,如出险次数、车辆类型和案件类型符合服务条件,系统会短信提示客户开始自助理赔(见图 2-29);

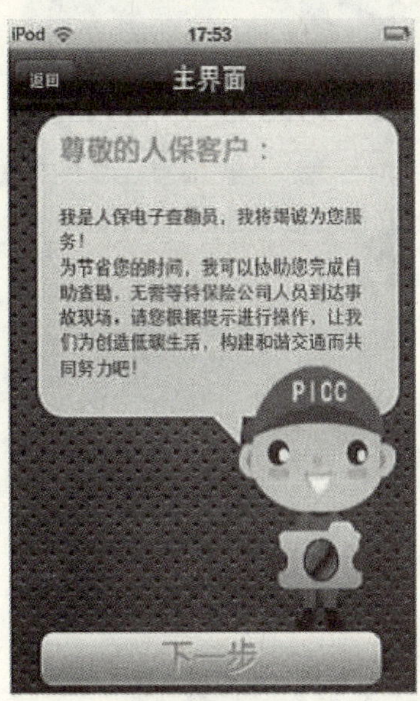

图 2-29 电子查勘员提醒界面

(2)点击系统主页面中的"开始自助理赔"按钮,登录之后,可以看到已报案件列表(见图 2-30)。

图 2-30 已报案件列表

3. 理赔流程

(1)首先是事故类型选择界面,选择事故类型(见图 2-31);

图 2-31　事故类型选择界面

(2)如果点选"双车事故",需要输入三者车车牌号并选择事故责任(见图 2-32);

图 2-32　事故查勘页面

(3)选择好事故责任后,进入事故照片拍摄页面,客户需要根据示例图提示拍摄现场事故照片(见图 2-33);

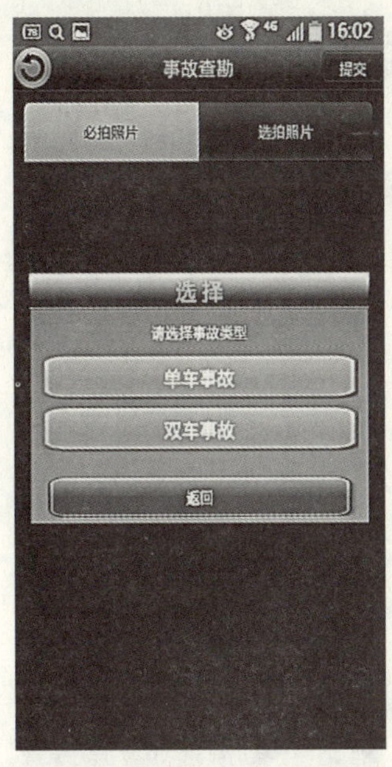

图2-33 事故照片拍摄选择界面

(4)客户可通过左右滑动来选择照片拍摄,图 2-34 为双方事故的事故照片拍摄页面;

图 2-34 事故照片

(5)上传成功后,等待人保财险公司审核,您可以点击“返回”,等待短信提示(见图 2-35)。人保财险公司会在 5 分钟之内通过短信回复客户责任类型和照片是否合格,部分案件可能需要客户重新拍摄清晰的照片,部分复杂案件需要定损员到达现场协助客户进行处理。

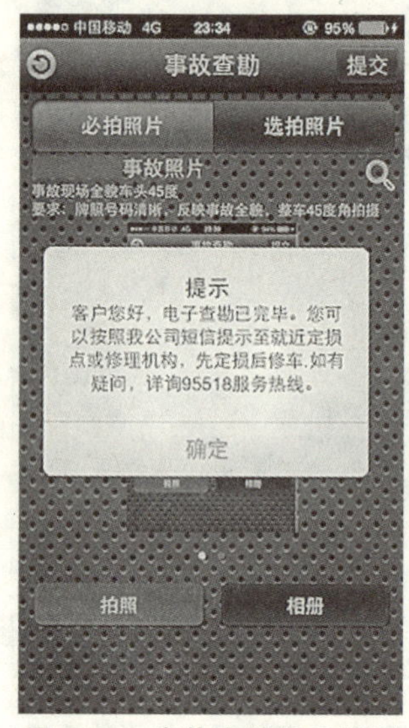

图 2-35　事故查勘提示界面

4.电子速递员

在需要补交单证和赔款账户时,可以在电子速递员中采集(见图 2-36)。

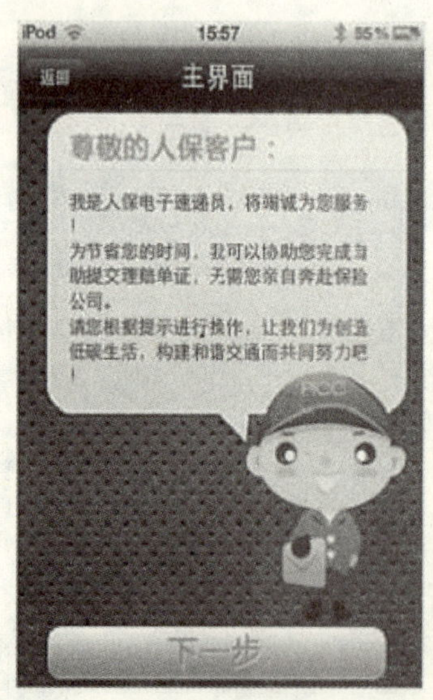

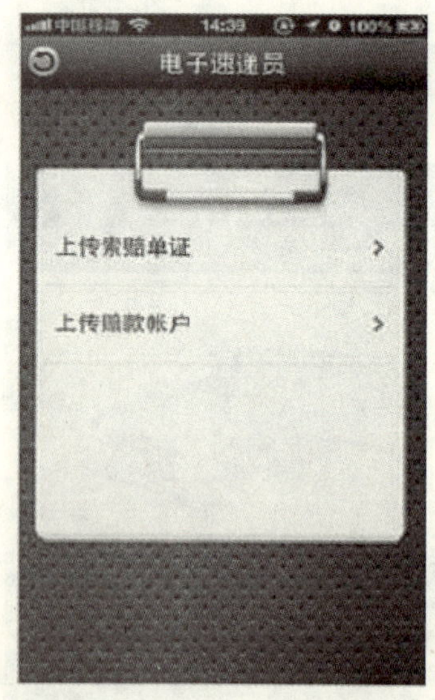

图 2-36　电子速递员采集界面

5. 理赔进度查询

可以根据保单号和被保险人证件号查询保单信息和理赔进度情况，方便客户跟踪案件进展(见图 2-37)。

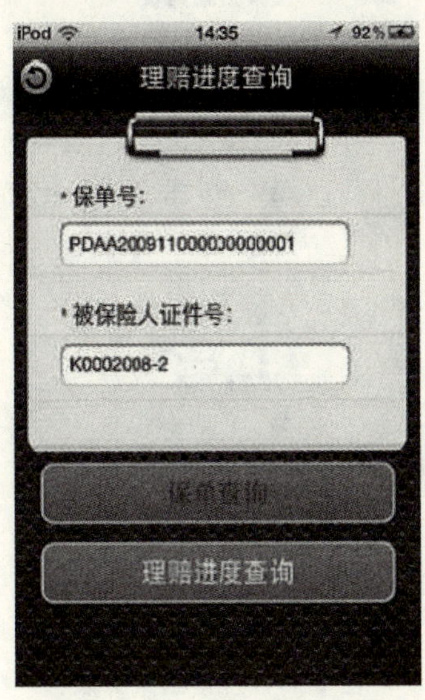

图 2-37　理赔进度查询

(五)周边搜索

周边搜索功能可搜索附近的人保财险营业网点、人保财险理赔网点、人保合作 4S 店和协作修理厂等(见图 2-38)。

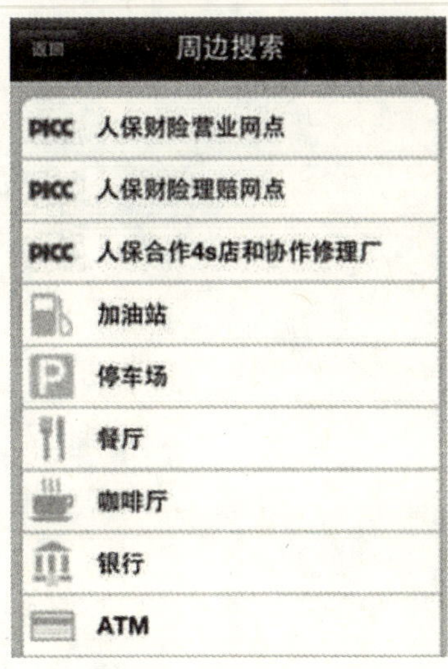

图 2-38　周边搜索功能

以人保财险营业网点搜索为例，选择车辆所在省、市，输入模糊地址，可搜索附近的营业网点，搜索结果列表如图 2-39 所示。

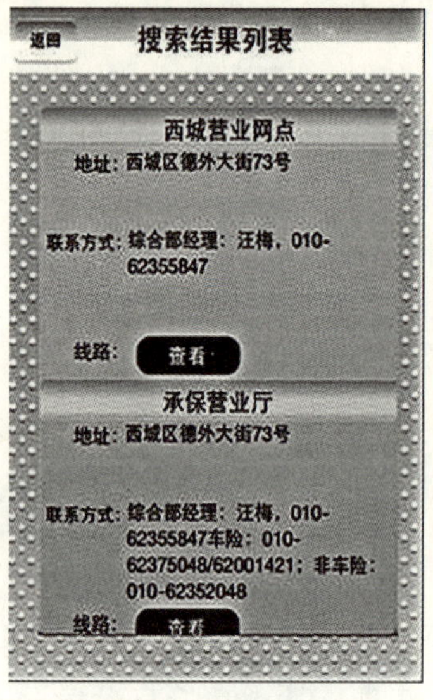

图 2-39 搜索结果列表

第三章　互联网基金

第一节　基金基础知识

一、什么是基金

我们通常所说的基金，全称应该是“证券投资基金”，是一种利益共享、风险共担的集合证券投资方式，就是将众多投资者的资金集中起来，形成独立财产，由基金托管人(一般是商业银行)托管，由基金公司以投资组合的方法进行证券投资的一种投资工具。简单来说，就是把钱给基金公司进行理财，获取收益。比如，你买了10000元华夏大盘精选基金(000011)，就相当于把这10000元交给华夏基金公司，由公司帮你购买股票、债券、银行存款等，最终你是否获得收益，只要定期观察该基金的净值表现即可。

二、为什么要买基金

买基金最大的好处是借专业人士的智慧参与股票和债券等市场投资，降低投资者个人直接投资股票、债券等产品的风险，达到轻松投资、使个人资产增值、事半功倍的效果。

三、证券投资基金的分类

根据不同标准可将投资基金划分为不同的种类。

(1)根据基金单位是否可增加或赎回,投资基金可分为开放式基金和封闭式基金。开放式基金是指基金设立后,投资者可以随时申购或赎回基金单位,基金规模不固定的投资基金;封闭式基金是指基金规模在发行前已确定,在发行完毕后的规定期限内,基金规模固定不变的投资基金。

(2)根据投资风险与收益的不同,投资基金可分为成长型投资基金、收入型投资基金和平衡型投资基金。成长型投资基金是指把追求资本的长期成长作为投资目的的投资基金;收入型基金是指以能为投资者带来高水平的当期收入为目的的投资基金;平衡型投资基金是指以支付当期收入和追求资本的长期成长为目的的投资基金。

(3)根据投资对象的不同,投资基金可分为股票基金、债券基金、货币市场基金、期货基金、期权基金、指数基金和认股权证基金等。股票基金是指以股票为投资对象的投资基金;债券基金是指以债券为投资对象的投资基金;货币市场基金是指以国库券、大额银行可转让存单、商业票据、公司债券等货币市场短期有价证券为投资对象的投资基金;期货基金是指以各类期货品种为主要投资对象的投资基金;期权基金是指以能分配股利的股票期权为投资对象的投资基金;指数基金是指以某种证券市场的价格指数为投资对象的投资基金;认股权证基金是指以认股权证为投资对象的投资基金。

四、基金与其他理财产品的比较

(一)基金与股票、债券比较

证券投资基金是一种利益共享、风险共担的集合证券投资方式,即通过发行基金单位,集中投资者的资金,由基金托管人托管,由基金管理人管理和运用资金,从事股票、债券等金融工具投资。股票是股份公司签发的证明股东所持股份的凭证,是公司股份的形式。投资者通过购买股票成为发行公司的所有者,按持股份额获得经营收益和参与重大决策表决。债券是指依法定程序发行的,约定在一定期限还本付息的有价证券。其特点是收益固定,风险较小。

证券投资基金与股票、债券相比,存在以下区别:

1.投资者地位不同

股票持有人是公司的股东,有权对公司的重大决策发表自己的意见;债券的持有人是债券发行人的债权人,享有到期收回本息的权利;基金单位的持有人是基金的受益人,体现的是信托关系。

2. 风险程度不同

一般情况下，股票的风险大于基金。对中小投资者而言，由于受可支配资产总量的限制，只能直接投资于少数几只股票，这就犯了“把所有鸡蛋放在一个篮子里”的投资禁忌，当其所投资的股票遇到股市下跌或企业财务状况恶化，资金有可能化为乌有；而基金的基本原则是组合投资，分散风险，把资金按不同的比例分别投于不同期限、不同种类的有价证券，把风险降至最低程度；债券在一般情况下，本金得到保证，收益相对固定，风险比基金要小。

3. 收益情况不同

基金和股票的收益是不确定的，而债券的收益是确定的。一般情况下，基金收益比债券高。以美国投资基金为例，国际投资者基金等 25 种基金 1976—1981 年 5 年间的收益增长率，平均为 301.6%，其中最高的 20 世纪增长投资者基金为 465%，最低的普利特伦德基金为 243%；而 1996 年国内发行的两种 5 年期政府债券，利率分别只有 13.06%和 8.8%。

4. 投资方式不同

与股票、债券的投资者不同，证券投资基金是一种间接的证券投资方式，基金的投资者不直接参与有价证券的买卖活动，不直接承担投资风险，而是由专家具体负责投资方向的确定、投资对象的选择。

5. 价格取向不同

在宏观政治、经济环境一致的情况下，基金的价格主要决定于资产净值；而影响债券价格的主要因素是利率；股票的价格则受供求关系的影响巨大。

6. 投资回收方式不同

债券投资是有一定期限的，期满后收回本金；股票投资是无限期的，除非公司破产、进入清算，投资者不得从公司收回投资，如要收回，只能在证券交易市场上按市场价格变现；投资基金则要视所持有的基金形态不同而有区别：封闭型基金有一定的期限，期满后，投资者可按持有的份额分得相应的剩余资产，在封闭期内还可以在交易市场上变现；开放型基金一般没有期限，但投资者可随时向基金管理人要求赎回。

虽然几种投资工具有以上的不同，但彼此间也存在不少联系。

基金、股票、债券都是有价证券，对它们的投资均为证券投资。基金份额的划分类似于股票：股票是按“股”划分，计算其总资产；基金资产则划分为若干个“基金单位”，投资者按持有基金单位的份额分享基金的增值收益。契约型封闭基金与债券情况相似，在契约期满后一次收回投资。另外，股票、债券是证券投资基金的投资对象,在国外有专门以股票、债券为投资对象的股票基金和债券基金。

(二)开放式基金与银行储蓄比较

开放式基金与银行储蓄具有很多相同的地方。首先,二者的存取或申购与赎回都可以在同一商业银行分支机构进行,不涉及其他机构和部门,存款者或投资者只需面对银行办理有关手续即可。其次,二者都可以随时花费很小的成本兑换现金。最后,二者的收益都较为稳定。存款的收益为存款利息,其数额一般是固定的,在正常的情况下,利息收入是完全有保障的。投资开放式基金的收益是基金净值的增长,基金管理者在操作的过程中,采用投资组合方式来最大限度地规避非系统性风险,而且在成熟的市场上,基金管理者还可以通过风险对冲机制来规避系统性风险,所以投资开放式基金的收益在正常情况下也是比较有保障的,具有相对的稳定性。

二者虽然具有以上很多的相同之处,但仍然存在着本质的区别。

1.二者的资金投资方向不同

银行将储蓄存款的资金通过企业贷款或个人信贷的渠道投放到生产或消费领域,以获取利差收入;开放式基金将投资者的资金投资于证券市场,包括股票、债券等,通过股票分红或债券利息来获得稳定的收益,同时通过证券市场差价来获得资本利得。

2.存款合约和基金合约有着本质的区别,二者的风险不同

银行储蓄存款的风险比开放式基金的风险小得多。存款合约属于债权类合约,银行对存款者负有完全的法定偿债责任;开放式基金将募集到的资金投放到证券市场,基金管理人只是代替投资者管理资金,基金合约属于股权合约,基金管理者并不保证资金的收益率,投资者赎回基金的时候是按基金每份的净值获得资金。如果基金管理得好,基金净值就会增长,投资者就会获得较高的收益;如果证券市场行情较差或基金管理人管理得不好,基金净值就会下跌,投资者就会遭受损失。其风险直接与证券市场行情和管理人的管理水平相关。

3.二者收益高低不同

银行储蓄存款的收益是利息,在一般情况下,无论银行效益如何,利率都是相对固定的;开放式基金的收益率在正常情况下比存款利率高,但是基金的收益是不固定的,当市场行情好、管理人管理得好时,基金的收益就会较存款利率高,反之则低。此外,不同的基金的收益也各不相同,而不同银行的存款利率水平基本是相同的。

4.二者管理的信息透明度不同

银行吸收存款之后,没有义务向存款人披露资金的运行情况,一般情况下存款人对此也不关心;开放式基金管理人则必须定期向投资者公布基金投资情况和基金净值,投资者随时都可以知道自己的投资可以兑现多少现金。

5.二者转换成现金所花费的成本不同

银行存款的存入和提取不需要支付任何费用;开放式基金的赎回和申购则需要交纳一定费用,所以投资者的资金转换是有一定的成本的。

是投资于开放式基金,还是以储蓄的形式存到银行,投资者不妨在充分比较二者的异同和优缺点的基础上,根据个人资金量的多少、承受风险能力的大小、未来对资金的需求状况等方面来安排资金的投放。

五、基金认购和申购有何区别

开放式基金的认购和申购是购买基金在两个不同阶段的说法。如果投资者在一只基金募集期中购买基金份额,称为认购,每单位基金份额净值为人民币1元。

基金募集期结束并成立后,投资者根据基金销售网点规定的手续购买基金份额则称为申购,此时由于基金净值已经反映了其投资组合的价值,因此每单位基金份额净值不一定为1元,可能高于也可能低于1元,故同一笔资产认购和申购同一基金所得到的基金份额数将有可能不同。

认购和申购的费率可能会有差别。目前,基金公司通常会设定不同档次的认购和申购费率,即根据投资者购买金额的多少适用不同水平的费率。在同一购买金额下,认购费率和申购费率也可能有所不同,具体情况需查询各基金费率情况说明。

六、基金认购费用两种计算公式

一般的开放式基金只可以在场外市场进行基金份额的认购,计算公式为:

认购费用＝认购金额×认购费率

净认购金额＝认购金额－认购费用

认购份数＝(净认购金额＋认购利息)/基金单位面值

LOF、ETF等交易型开放式基金具有多种认购方式,认购份额计算公式也有所区别。以南方高增长(LOF)为例,其认购方式包括柜台(场外)和交易所(场内)两种。场外认购份额计算公式与一般的开放式基金没有区别,例如,某投资者投资 10 万元认购南方高增长基金，对应费率为 0.9%，假设该笔认购产生利息 50 元，则其可得到的认购份额为：

认购费用=100000/(1+0.9%)×0.9%=891.97 元

净认购金额=100000/(1+0.9%)=99108.03 元

认购份额=(99108.03+50)/1=99158.03 份

场内认购份额的计算公式为：

认购金额=挂牌价格×(1+券商佣金比率)×认购份额

券商佣金=挂牌价格×认购份额×券商佣金比率

净认购金额=挂牌价格×认购份额

利息折算的份额=利息/挂牌价格

例如，某投资者认购 10 万份基金份额，对应场外认购的认购费率为 0.9%，交易所挂牌价格为 1 元，假定该笔认购产生利息 50 元。则投资者应交纳的认购金额及利息折算的份额为：

认购金额=1×100000×(1+0.9%)=100900 元

券商佣金=1×100000×0.009=900 元

净认购金额=1×100000=100000 元

利息折算的份额=50/1=50 份

即：投资者认购 10 万份基金份额，需缴纳 100900 元，其中券商收取的佣金为 900 元，利息折算的份额为 50 份。

七、基金的申购与赎回

基金申购是指投资者到基金销售网点购买开放式基金，赎回基金是指投资者到基金销售网点卖出开放式基金。基金申购与赎回都必须在证券交易所的开放日内进行，一般为周一到周五(节假日除外)上午 09：30—11：30、下午 1：00—3：00之间进行。申购与赎回价格按正式接受申购赎回日的基金单位净值进行交易，当天的基金单位净值需在收市后由基金管理公司计算确认，于次日公布。

基金的申购、赎回包括销售柜台的书面申请方式和电话、网站等其他申请方式。

基金申购、赎回的原则包括“未知价”原则，即申购、赎回价格以申请当日的基金单位资产净值为基准进行计算；“金额申购、份额赎回”原则，即申购以金额申请，赎回以份额申请。在限制申购的情况下，申购费用按单笔申购申请金额对应的费率乘以单笔确认的申购金额计算；当日的申购和赎回申请可以在当日 15：00 以前撤销。

八、基金的单位净值、累计净值、净值增长率

单位净值:开放式基金申购份额及赎回金额计算的基础,计算公式为:基金单位净值=(基金资产总值-基金负债)/基金总份额。

累计净值:是指基金最新净值与成立以来的分红业绩之和,体现了基金从成立以来所取得的累计收益,可以比较直观和全面地反映基金在运作期间的历史表现,结合基金的运作时间,则可以更准确地体现基金的真实业绩水平。

净值增长率:一般是指一段时期内基金单位净值或累计净值的增长幅度,可用来评估基金产品在此时期内的业绩表现。

第二节　基金网上开户

本节以易方达基金管理有限公司为例,介绍网上基金开户的操作流程。

易方达基金管理有限公司成立于 2001 年 4 月 17 日,旗下设有北京、广州、上海、成都、大连、南京分公司和易方达国际控股有限公司、易方达资产管理有限公司等多个子公司。截至 2015 年 9 月 30 日,易方达旗下共管理 87 只开放式基金、1 只封闭式基金和多个全国社保基金资产组合、企业年金及特定客户资产管理业务,资产管理总规模达 5453.86 亿元。

在此说明,本节以易方达基金管理有限公司为例,仅作演示之用,是出于展示的便利,不意味着任何推荐或操作建议。

网上基金的银行开户流程

1. 登录官网

易方达基金公司官网:www. efunds. com. cn,点击页面右上角的“注册”(见图 3-1)。

http://www.efunds.com.cn/
易方达基金
首页
交易.查询
e钱包
e钱包客户端
全新登场
好玩 好用 省钱 安全
了解详情
10.47

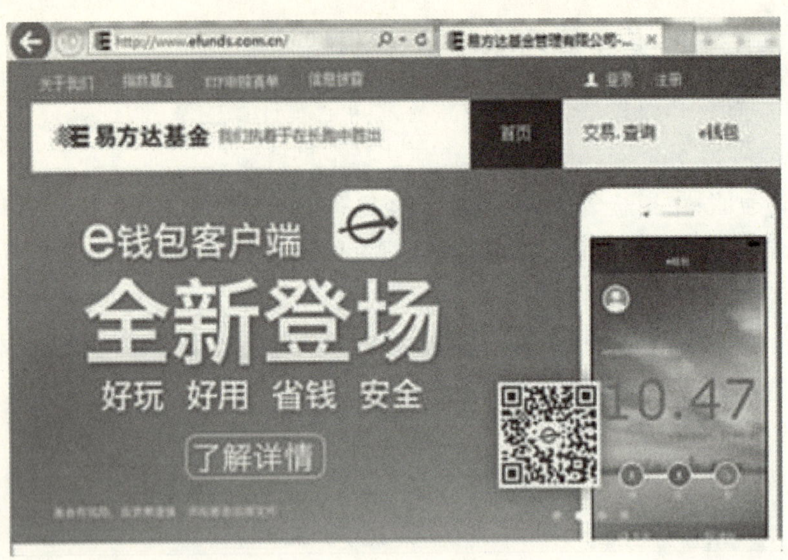

图 3-1　易方达基金公司官网

2. 实名认证

(1)验证手机号码。点击“免费获取”,收取验证短信并输入 6 位验证码(见图 3-2);

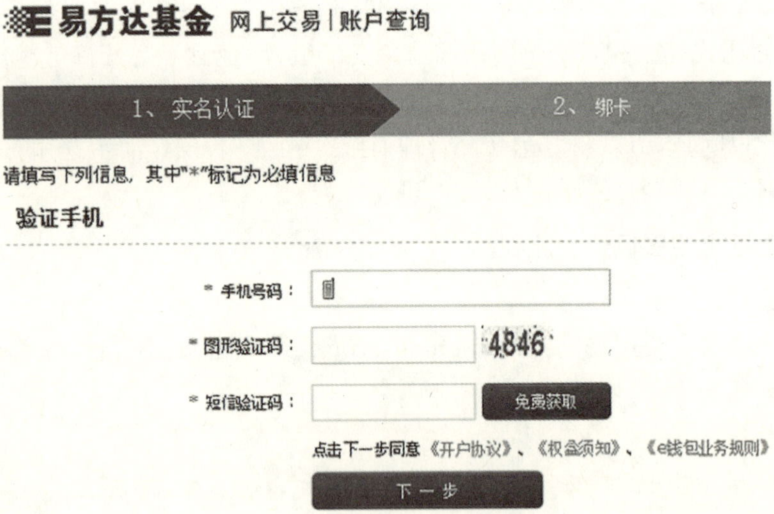

易方达基金 网上交易 | 账户查询
1、实名认证
2、绑卡
请填写下列信息，其中"*"标记为必填信息
验证手机
* 手机号码：
* 图形验证码：
4846
* 短信验证码：
免费获取
点击下一步同意《开户协议》、《权益须知》、《e钱包业务规则》
下一步

图 3-2　验证手机

(2)设置身份信息,填写真实姓名和身份证号,点击“下一步”(见图 3-3)。

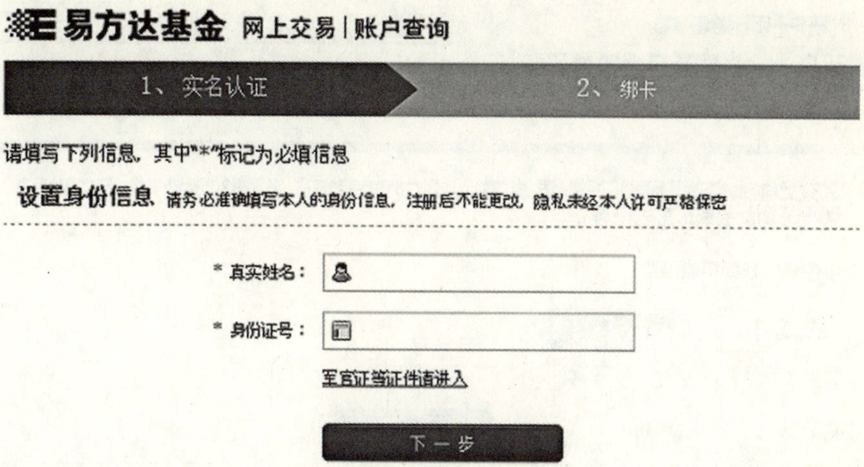

易方达基金 网上交易 | 账户查询

1、实名认证 2、绑卡

请填写下列信息,其中"*"标记为必填信息

设置身份信息 请务必准确填写本人的身份信息,注册后不能更改,隐私未经本人许可严格保密

* 真实姓名:

* 身份证号:

军官证等证件请进入

下一步

图 3-3 设置身份信息

3. 绑定银行卡

(1)选择用于基金交易的银行储蓄卡(见图 3-4)。各银行卡在绑定的方式、交易费率、支持功能上有所区别,可通过“银行详情对比”查看,或点击各银行卡查看提示;

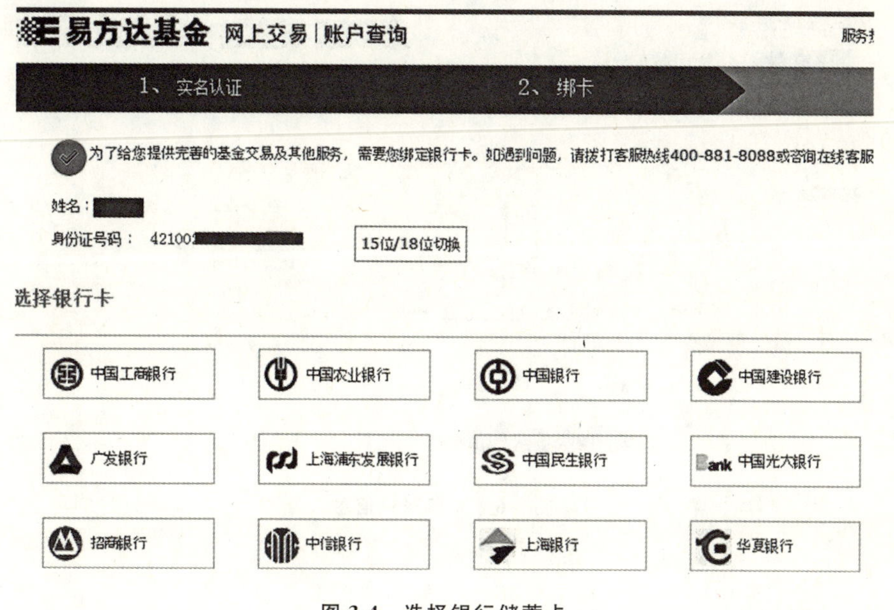

图 3-4 选择银行储蓄卡

(2)输入银行卡号,前去银行页面进行验证(见图 3-5)。

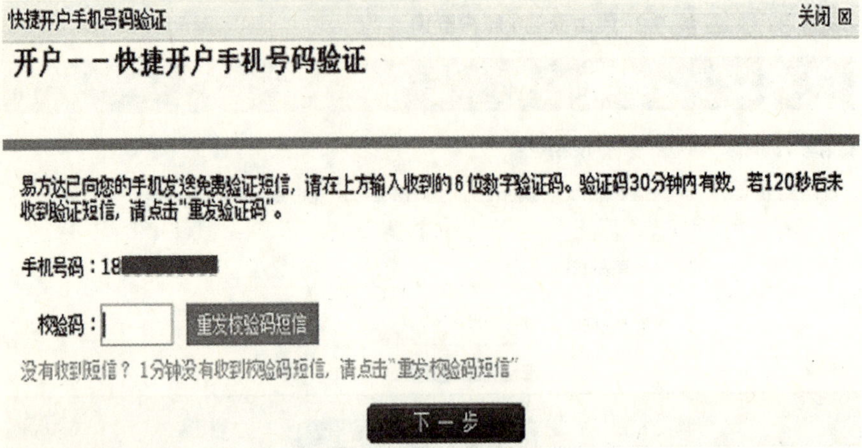

图 3-5 验证银行卡号

4.完善账户信息

根据页面提示填写账户信息(见图 3-6)。

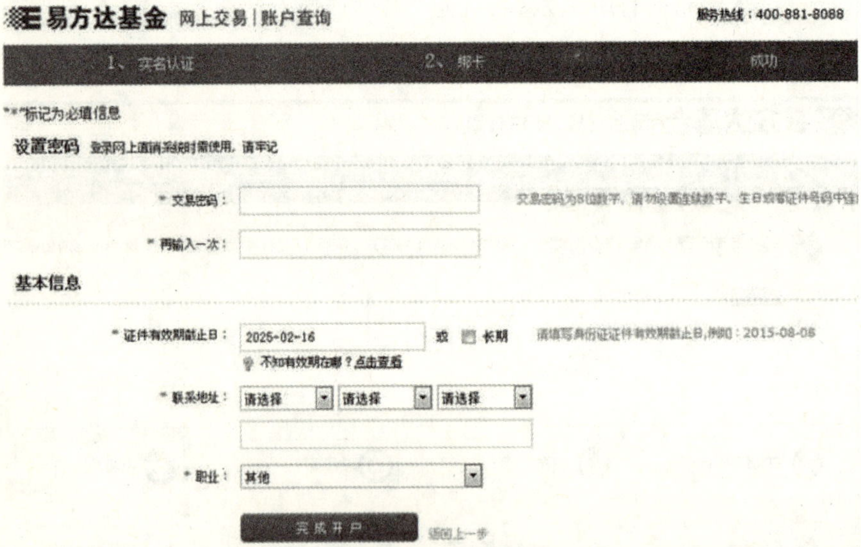

图 3-6 完善账户信息

5.提示开户成功

完善账户信息后,弹出“开户成功提示”(见图 3-7)。

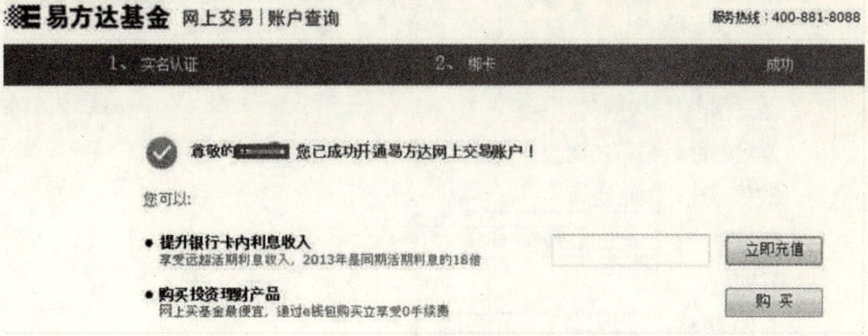

易方达基金 网上交易|账户查询 服务热线：400-881-8088
1、实名认证 2、绑卡 成功
尊敬的 您已成功开通易方达网上交易账户！
您可以：
● 提升银行卡内利息收入
享受远超活期利息收入，2013年是同期活期利息的18倍
立即充值
● 购买投资理财产品
网上买基金最便宜，通过e钱包购买立享受0手续费
购 买

图 3-7 开户成功提示

第三节 基金网上操作

本节仍以易方达基金管理有限公司为例，介绍网上基金的操作流程。

在此说明，本节内容仅作演示之用，是出于展示的便利，不意味着任何推荐或操作建议。

(一)基金交易

1. 基金认购

功能描述：在基金募集期间、基金尚未成立时购买基金。

操作步骤：

(1)在菜单上点击“基金交易”→“购买”；

(2)选择要认购的基金名称，在其最右面点击“认购”；

(3)输入认购金额并点击“确定”(见图 3-8)。

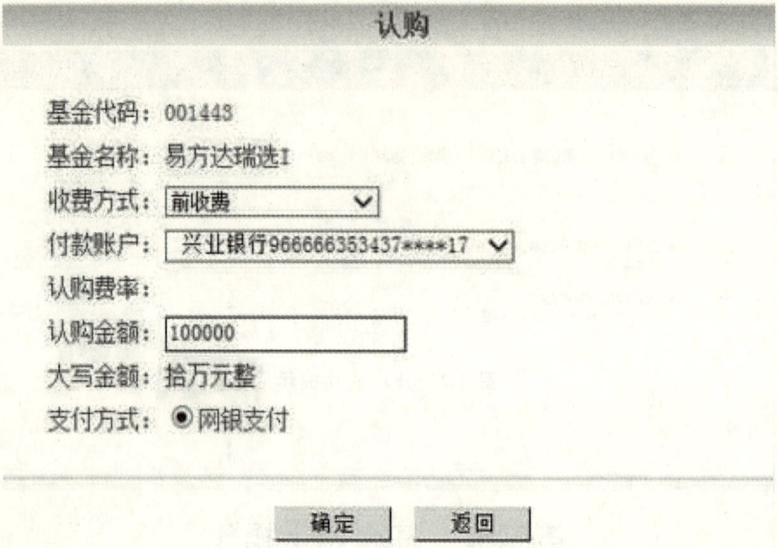

认购

基金代码：001443

基金名称：易方达瑞选I

收费方式：前收费

付款账户：兴业银行966666353437****17

认购费率：

认购金额：100000

大写金额：拾万元整

支付方式：网银支付

确定 返回

图 3-8　基金认购

2.基金申购

功能描述:在基金募集期结束后购买基金。

操作步骤:

(1)在菜单上点击“基金交易”→“购买”;

(2)选择要认购的基金名称,在其最右面点击“申购”;

(3)输入申购金额并点击“确定”(见图 3-9)。

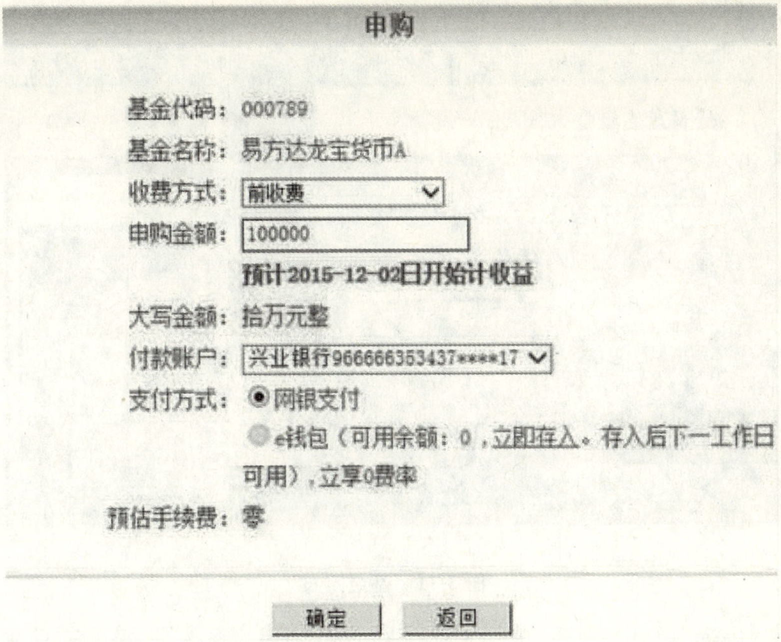

申购

基金代码：000789
基金名称：易方达龙宝货币A
收费方式：前收费
申购金额：100000
预计2015-12-02日开始计收益
大写金额：拾万元整
付款账户：兴业银行966666353437****17
支付方式：网银支付
e钱包（可用余额：0，立即存入。存入后下一工作日可用），立享0费率
预估手续费：零

确定　返回

图 3-9　申购金额

3.基金定投

功能描述：定期定额地投资选定的开放式基金。

操作步骤：

(1)在菜单上点击“基金交易”→“定投”；

(2)选择要定投的基金，在其最右面点击“定投”(见图 3-10)；

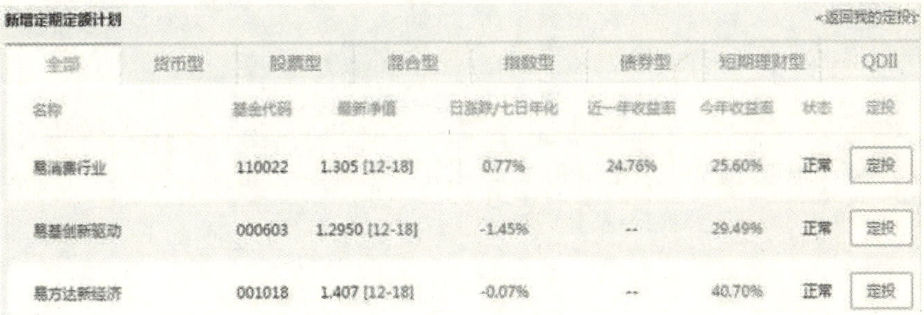

新增定期定额计划　<返回我的定投>

全部　货币型　股票型　混合型　指数型　债券型　短期理财型　QDII

名称	基金代码	最新净值	日涨跌/七日年化	近一年收益率	今年收益率	状态	定投
易消费行业	110022	1.305 [12-18]	0.77%	24.76%	25.60%	正常	定投
易基创新驱动	000603	1.2950 [12-18]	-1.45%	--	29.49%	正常	定投
易方达新经济	001018	1.407 [12-18]	-0.07%	--	40.70%	正常	定投

图 3-10　新增定期定额计划

(3)选择定投规则(每周、每两周、每月)，输入每期金额并点击“确定”(见图 3-11)。

图 3-11 基金定投

4. 基金卖出

功能描述:将持有的基金部分或全部卖出并收回现金。

操作步骤:

(1)在菜单上点击“基金交易”→“卖出”;

(2)选择要卖出的基金,在其最右面点击“卖出”(见图 3-12);

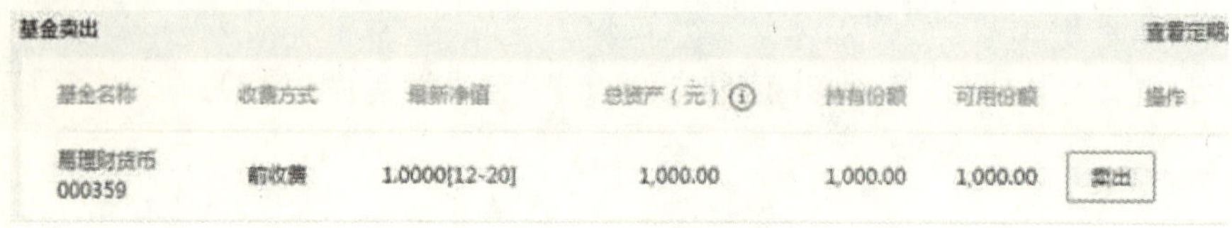

基金卖出

基金名称	收费方式	最新净值	总资产（元）	持有份额	可用份额	操作
易理财货币 000359	前收费	1.0000[12-20]	1,000.00	1,000.00	1,000.00	卖出

图 3-12 基金卖出

(3)输入想取金额并点击“确定”(见图 3-13)。

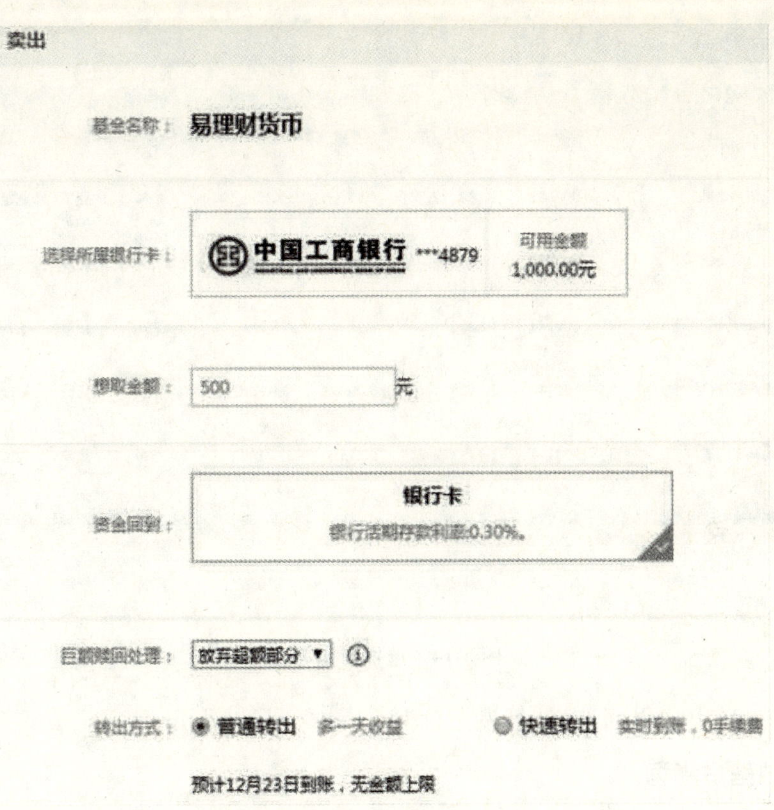

图 3-13 取出金额

5. 智能交易

功能描述:智能交易指投资者通过公司网上直销系统预先设定交易触发条件,即设置智能交易计划,当条件满足后,系统自动发起智能交易委托的一种交易申请方式。智能交易计划在设置完成后的下一工作日开始生效。可按照相关指数点位、基金单位净值、基金收益率或者指定日期等条件设置智能申购或赎回的触发条件。

操作步骤:

(1)在菜单上点击“基金交易”→“智能交易”;

(2)选择要买卖的基金,在其最右面点击“智能购买”(见图 3-14);

新增智能买卖（什么是智能交易？） <返回我

全部 | 货币型 | 股票型 | 混合型 | 指数型 | 债券型 | 短期理财型

名称	基金代码	最新净值	日涨跌	近一年收益率	今年收益率	状态	智能
易信用债A	000032	1.182 [12-24]	0.08%	12.78%	12.46%	正常	智能购买
易信用债C	000033	1.168 [12-24]	0.09%	12.31%	11.99%	正常	智能购买
易高等级信用债A	000147	1.125 [12-24]	0.18%	9.71%	9.02%	正常	智能购买
易高等级信用债C	000148	1.110 [12-24]	0.09%	8.92%	8.22%	正常	智能购买
易裕丰回报	000171	1.435 [12-24]	0.21%	23.71%	22.23%	正常	智能购买
易投资级信用债A	000205	1.136 [12-24]	0.09%	14.67%	14.04%	正常	智能购买
易投资级信用债C	000206	1.134 [12-24]	0.18%	14.16%	13.53%	正常	智能购买

图 3-14　选择卖出基金

(3)在弹出的界面选择“触发条件”并点击“下一步”。

(二)基金查询

1. 资产查询

功能描述:查询所持有的基金资产状况。

操作步骤:在菜单上点击“我的基金”→“我的资产”,即可查看资产状况(见图 3-15)。

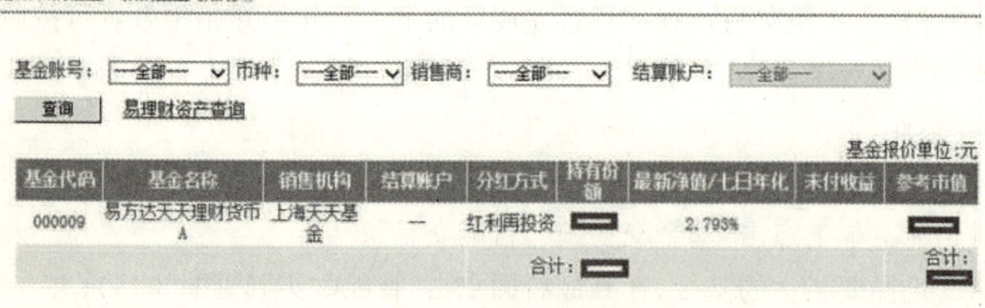

您所在的位置：我的基金/我的资产

基金账号：—全部— 币种：—全部— 销售商：—全部— 结算账户：—全部—

查询　易理财资产查询

基金报价单位:元

基金代码	基金名称	销售机构	结算账户	分红方式	持有份额	最新净值/七日年化	未付收益	参考市值
000009	易方达天天理财货币A	上海天天基金	—	红利再投资	▬	2.793%		▬
				合计:▬				合计:▬

图 3-15　易理财资产查询

2. 收益查询

功能描述:查询一定时间段内所持有的基金的收益状况。

操作步骤:在菜单上点击“我的基金”→“收益查询”,选择起始交易日和终止交易日，点击“查询”即可查看各个基金在指定时间段内的收益状况(见图 3-16)。

起始交易日：20150101　　终止交易日：20151129
基金名称：---全部---　　销售商：---全部---　　数据查询
易理财收益查询

基金报价单位:元

基金代码	基金名称	期初市值	申购金额	认购金额	赎回金额	分红金额	转换入金额	转换出金额	期末金额	本期盈亏
000148	易方达高等级信用债债券C	0.00	15,000.00	0.00	0.00	0.00	0.00	14,878.90	0.00	-121.10
110029	易方达科讯混合	0.00	10,000.00	0.00	10,916.14	0.00	16,327.74	18,881.29	0.00	3,469.69
110023	易方达医疗保健行业混合	0.00	0.00	0.00	0.00	0.00	18,881.29	18,694.89	0.00	-186.40
000009	易方达天天理财货币A	0.00	28,155.23	0.00	46,907.88	0.00	18,694.89	0.00	0.01	57.77
000359	易方达易理财货币	0.00	515.00	0.00	515.34	0.00	0.00	0.00	0.15	0.49
110027	易方达安心回报债券A	18,413.37	0.00	0.00	17,089.18	2,485.71	0.00	0.00	0.00	1,161.52
110013	易方达科翔混合	0.00	0.00	0.00	0.00	0.00	7,442.45	8,891.29	0.00	1,448.84
合计：		18,413.37	53,670.23	0.00	75,428.54	2,485.71	61,346.37	61,346.37	0.16	5,830.81

图 3-16　易理财收益查询

3. 份额明细查询

功能描述：查询一定时间段内所持有的基金份额。

操作步骤：在菜单上点击“我的基金”→“份额明细查询”，选择起始交易日和终止交易日，点击“查询”即可查看在选定时间段内持有的份额明细(见图 3-17)。

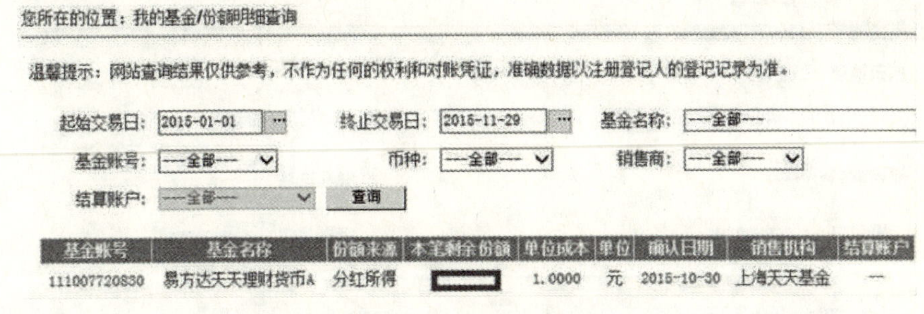
您所在的位置：我的基金/份额明细查询

温馨提示：网站查询结果仅供参考，不作为任何的权利和对账凭证，准确数据以注册登记人的登记记录为准。

起始交易日：2015-01-01　　终止交易日：2015-11-29　　基金名称：---全部---
基金账号：---全部---　　币种：---全部---　　销售商：---全部---
结算账户：---全部---　　查询

基金账号	基金名称	份额来源	本笔剩余份额	单位成本	单位	确认日期	销售机构	结算账户
111007720830	易方达天天理财货币A	分红所得		1.0000	元	2015-10-30	上海天天基金	—

图 3-17　份额明细查询

4. 历史分红查询

功能描述：查询一定时间段内所持有基金的分红情况。

操作步骤：在菜单上点击“我的基金”→“历史分红查询”，选择基金名称，点击“查询”即可查看该基金的历史分红情况(见图 3-18)。

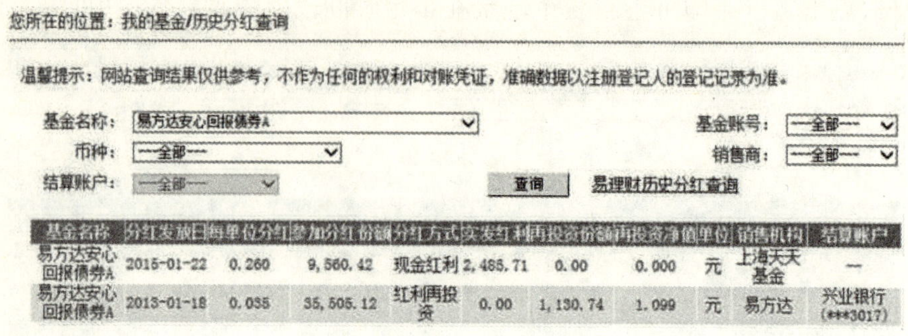

基金名称	分红发放日	每单位分红	参加分红份额	分红方式	实发红利	再投资份额	再投资净值	单位	销售机构	结算账户
易方达安心回报债券A	2015-01-22	0.260	9,560.42	现金红利	2,485.71	0.00	0.000	元	上海天天基金	—
易方达安心回报债券A	2013-01-18	0.035	35,505.12	红利再投资	0.00	1,130.74	1.099	元	易方达	兴业银行(***3017)

图 3-18　历史分红查询

(三)账户管理

1. 修改账户资料

功能描述:当用户因各种原因需要修改账户资料时,可以通过基金网站进行操作。

操作步骤:

(1)在菜单上点击“账户管理”→“修改账户资料”;

(2)进行修改后,点击“确定”(见图 3-19);

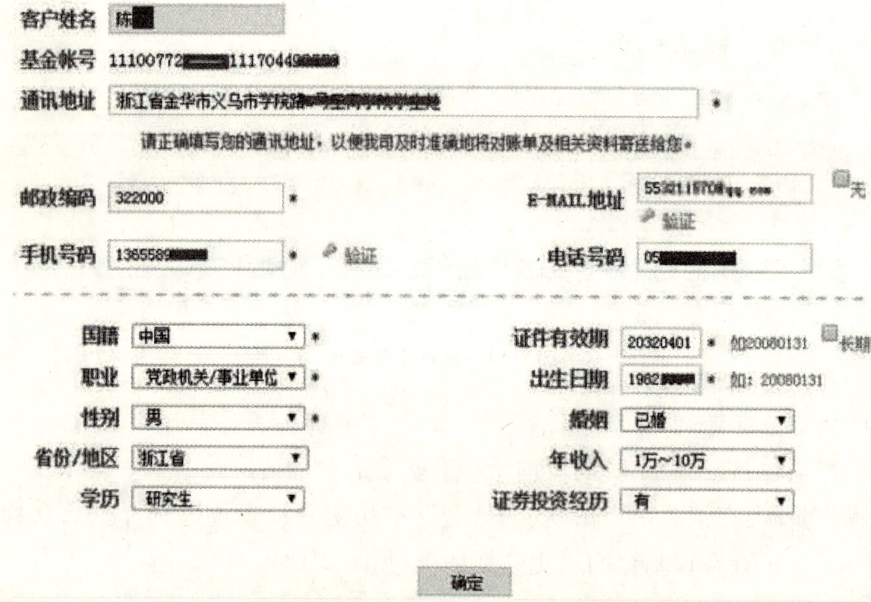

图 3-19　修改账户资料

(3)在跳出的界面中进行最后的确认,如无误点击“确定”即修改成功(见图

3-20)。

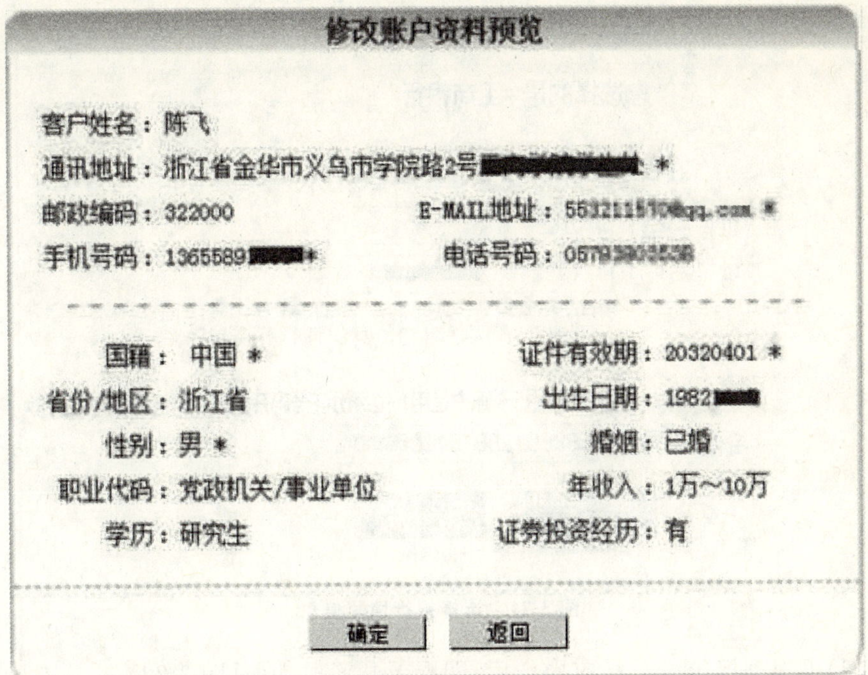

图 3-20 修改账户资料预览

2.结算账户管理

功能描述:当用户需要开通或更换银行结算的银行卡时,可以通过基金网站进行操作。

操作步骤:

(1)在菜单上点击“账户管理”→“结算账户管理”;

(2)选择相应的银行并填写相关信息后,点击“下一步”(见图 3-21);

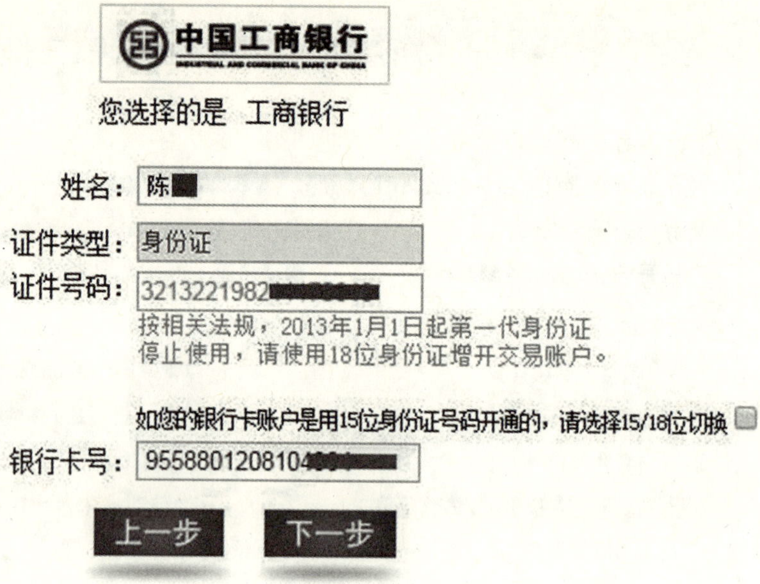

您选择的是 工商银行

姓名：陈■

证件类型：身份证

证件号码：3213221982■■■■

按相关法规，2013年1月1日起第一代身份证停止使用，请使用18位身份证增开交易账户。

如您的银行卡账户是用15位身份证号码开通的，请选择15/18位切换

银行卡号：9558801208104■■■

上一步　下一步

图 3-21　选择银行填写信息

(3)再根据提示进行相应操作后，即提示开通成功(见图 3-22)。

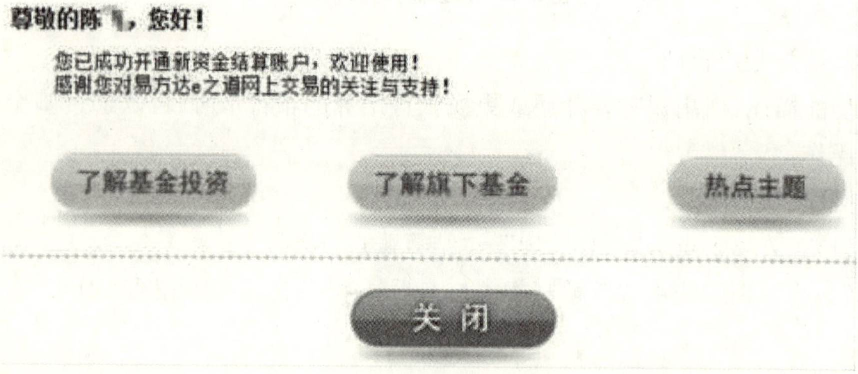

尊敬的陈■，您好！

您已成功开通新资金结算账户，欢迎使用！
感谢您对易方达e之道网上交易的关注与支持！

了解基金投资　了解旗下基金　热点主题

关 闭

图 3-22　开通成功提示

3. 修改密码

功能描述：当用户认为登录密码不安全时，可以通过基金网站进行密码的修改。

操作步骤：

(1)在菜单上点击“账户管理”→“修改密码”；

(2)按提示分别输入原密码和新密码，点击“确认”(见图 3-23)。

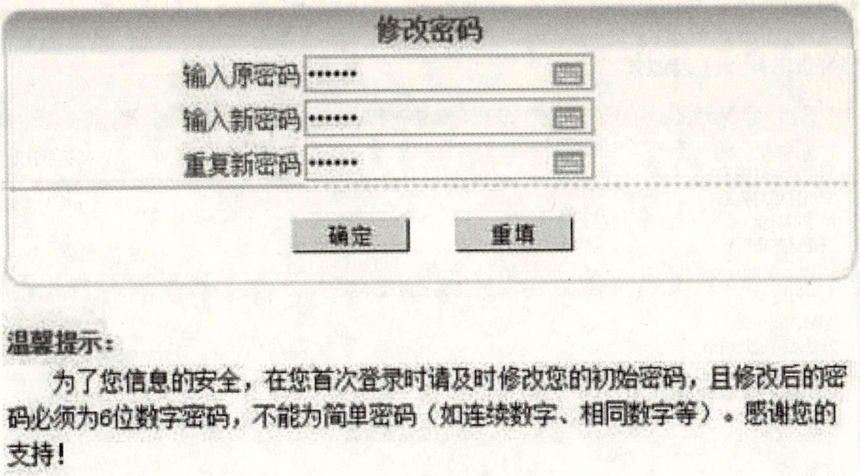

修改密码

输入原密码 ••••••

输入新密码 ••••••

重复新密码 ••••••

确定 重填

温馨提示：

为了您信息的安全，在您首次登录时请及时修改您的初始密码，且修改后的密码必须为6位数字密码，不能为简单密码（如连续数字、相同数字等）。感谢您的支持！

图 3-23 修改密码

4.资讯信息定制

功能描述：当用户需要及时了解某些资讯信息时，可以通过基金网站进行相关服务开通的操作。

操作步骤：

(1)在菜单上点击“账户管理”→“资讯信息定制”；

(2)如信息无误，点击“确认”(见图 3-24)；

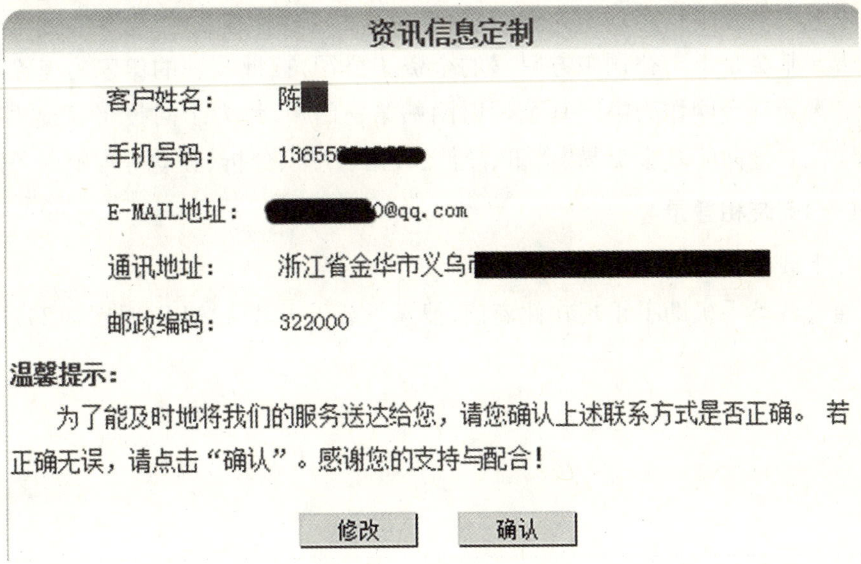

资讯信息定制

客户姓名： 陈

手机号码： 13655

E-MAIL地址： 0@qq.com

通讯地址： 浙江省金华市义乌市

邮政编码： 322000

温馨提示：

为了能及时地将我们的服务送达给您，请您确认上述联系方式是否正确。若正确无误，请点击“确认”。感谢您的支持与配合！

修改 确认

图 3-24 资讯信息定制

(3)选择需定制的内容,在其后面打"√"并点击"提交"(见图 3-25)。

业务资讯服务　网上交易服务

账单服务类

定制内容	是否定制
月度短信对账单	☑
季度短信对账单	☐
电子对账单	☑
纸质对账单	☑

短信业务通知类

定制内容	是否定制
分红结果通知短信	☑
账户余额每日通知(短信)	☑
账户余额每周通知(短信)	☑

短信信息资讯类

定制内容	是否定制
市场重大消息点评	☑
每日市场综述	☑

图 3-25　选择定制内容

第四节　掌上基金操作

以天天基金手机客户端为例,介绍掌上基金的操作流程。

天天基金是上市公司东方财富的全资子公司,首批获牌的第三方基金销售机构。天天基金网作为中国基金理财网站第一门户,致力于向投资者提供专业的、及时的、全面的基金交易、资讯、净值、数据、评级、分析、互动等理财服务。

(一)安装和登录

1. 下载天天基金 APP

通过各类手机助手正规软件商店,搜索下载天天基金 APP(见图 3-26)。

图 3-26　下载天天基金 APP

2. 安装

将下载的天天基金 APP 按提示进行安装，安装好的天天基金手机客户端见图 3-27。

图 3-27　天天基金手机客户端

3. 登录天天基金手机客户端

点击手机客户端,进入天天基金主页面,点击“登录”(见图 3-28)。

图 3-28　天天基金主页面

4. 登录界面

填写用户名、密码,点击“登录”,进入基金界面(见图 3-29)。

图 3-29　交易登录页面

(二)行情查询

1. 基金排行查询

点击“基金排行”,分别可以查看日涨幅、近 1 周、近 1 月、近 3 月、近 6 月、今年来、近 1 年、近 2 年等的基金排行情况(见图 3-30)。

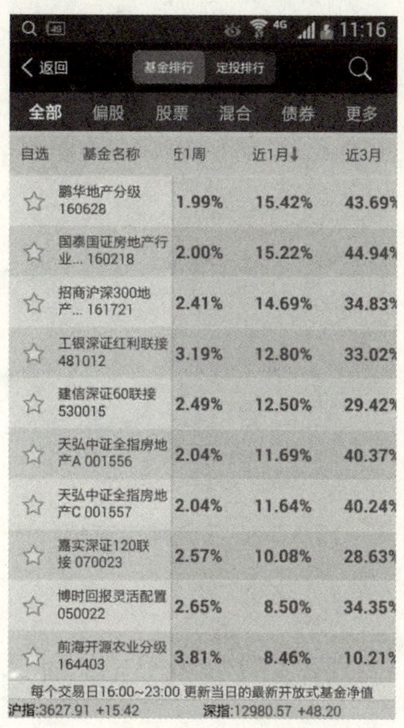

图 3-30　基金排行查询

2. 基金评级查询

点击“基金评级”,可以查看各基金在不同证券公司的评级情况(评级从高到低分五星、四星、三星、二星、一星和无评级)(见图 3-31)。

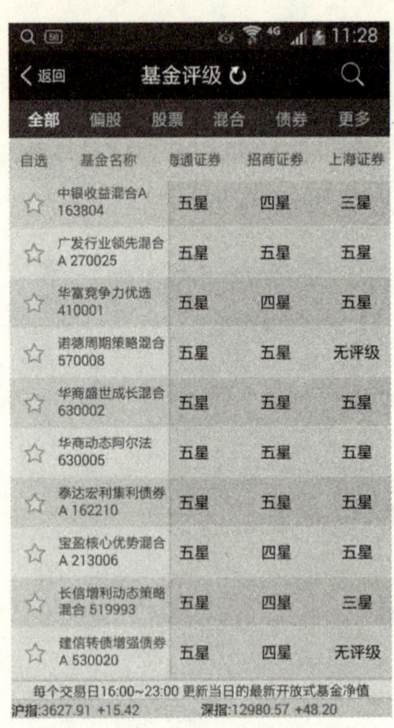

图 3-31 基金评级查询

3. 基金详情查询

(1)净值查询。选择某一只基金,点击页面最下方的“净值”,可查看该基金的详细净值信息(见图 3-32);

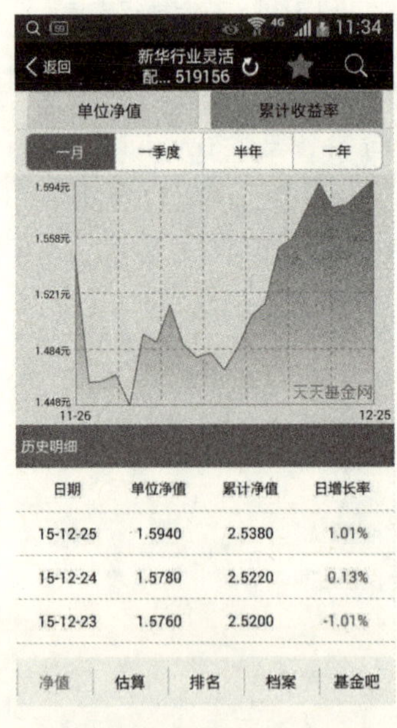

图 3-32 基金净值查询

(2)排名查询。选择某一只基金,点击页面最下方的“排名”,可查看该基金的各类排名情况(见图 3-33)。

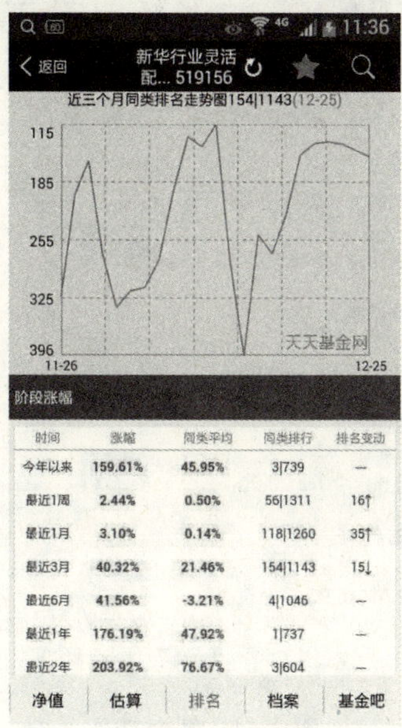

图 3-33　基金排名查询

(三)基金交易

1. 买基金

(1)点击“基金交易”→“买基金”(见图 3-34);

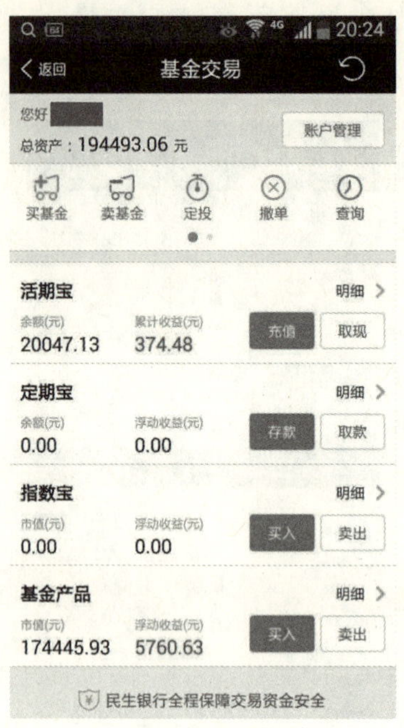

图 3-34 基金交易

(2)输入基金代码，选择支付方式，点击“下一步”(见图 3-35)；

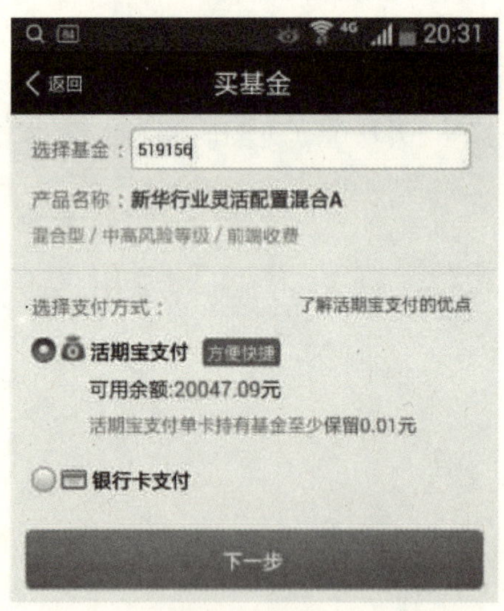

图 3-35 买基金

(3)填写买入金额,点“下一步”(见图 3-36);

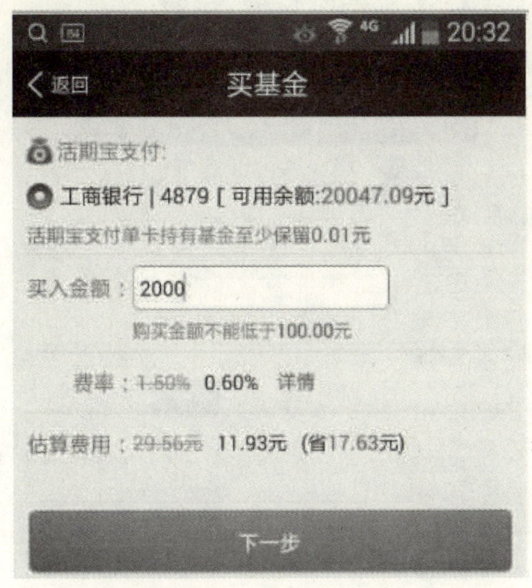

图 3-36 填写买入金额

(4)输入交易密码,完成交易(见图 3-37)。

图 3-37 输入交易密码

2.卖基金

(1)点击"基金交易"→"卖基金"(见图 3-38);

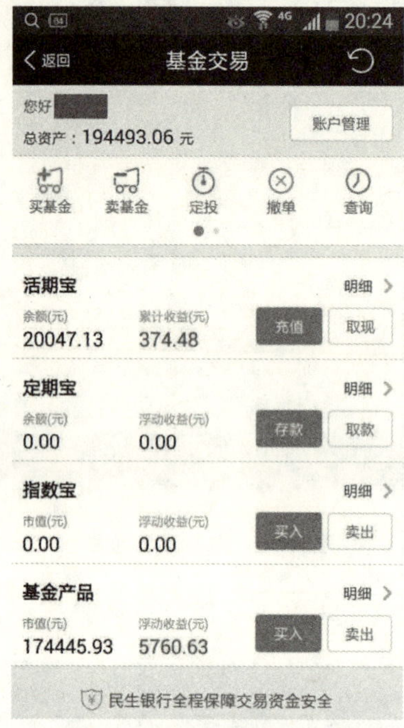

图 3-38 基金交易

(2)选择要卖出的基金,点击该基金所对应的"卖出"按钮(见图 3-39);

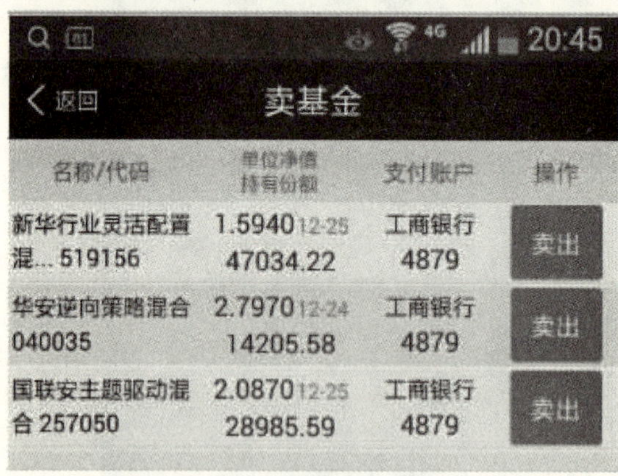

图 3-39 选择卖出的基金

(3)选择基金卖出后的去向,可选择回活期宝、银行卡或转入其他基金(见图3-40);

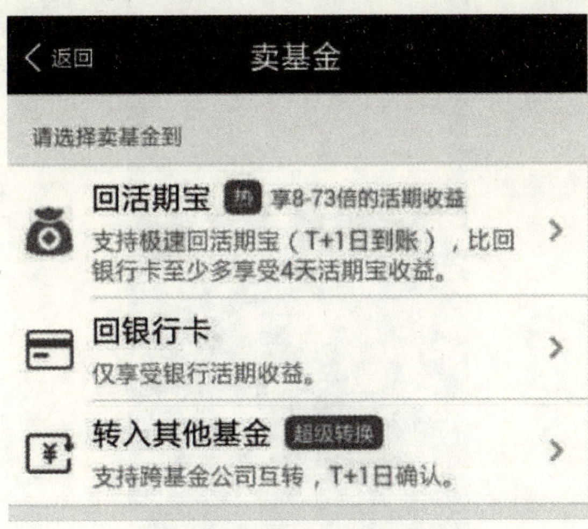

图 3-40　选择基金卖出后的去向

(4)填卖出份额,点"确认"(见图 3-41);

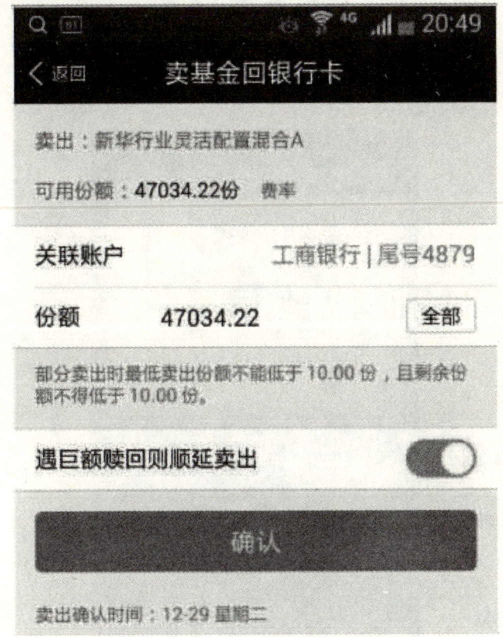

图 3-41　填卖出份额

(5)输入交易密码,完成交易(见图 3-42)。

图 3-42 输入交易密码

(四)活期宝取现

(1)登录天天基金手机客户端页面,点击“活期宝”;

(2)进入活期宝取现页面,点击“取现”(见图 3-43);

图 3-43 活期宝取现页面

(3)选择取现方式。取现方式有两种:一是普通取现,普通取现申请当日有收益。普通取现为T+1日划出,T日指当天下午3点前所提交的取现申请日,如15点之后包括15点,则算第二天为取现申请日。二是快速取现,普通取现申请当日无收益,资金可及时到账;

(4)输入取现金额和交易密码,点击"确认",完成取现。

第五节　基金投资技巧

一、如何选择适合自己的基金

市场上的基金有很多不同的类型。而同类基金中各只基金也有不同的投资对象、投资策略等方面的特点。在选择基金时,投资者需要注意浏览各种报纸、销售网点公告或基金管理公司的信息,了解基金的收益、费用和风险特征,判断某种基金是否切合投资目标。

具体说来,投资者应该考虑以下几点:

(1)基金的过往业绩:基金的回报水平是否有吸引力,它的过往表现是否一贯。

(2)基金管理公司:基金管理公司是否值得信赖。基金经理对管理基金是否具有足够的专业知识和投资经验。

(3)基金是否适合个人需要:基金的投资目标、投资对象、风险水平是否与个人目标相符。比如说,每个人因年龄、收入、家庭状况的不同而具有不同的投资目标。一般而言,年轻人适合选择风险高些的基金,而即将退休的老人适合选择风险较低的基金。

(4)可承受的风险:一般来说,高风险投资的回报潜力也较高。然而,如果投资者对市场的短期波动较为敏感,可以考虑投资一些风险较低及价格较为稳定的基金。假如投资者的投资取向较为进取,并不介意市场的短期波动,同时希望赚取较高回报,那么投资一些较高风险的基金较为合适。

此外,在其他条件相当的情况下,投资者还可以关注一下基金的费用水平是否适当。

二、哪些个人适合投资开放式基金

如果投资者属于以下几种情况,可以考虑将资产的一部分投资于开放式基金:

(1)希望获得比存款更高收益的人士;

(2)没时间理财的职业人士;

(3)缺乏投资专业知识的人士或不愿承担股市高风险的人士;

(4)正在考虑为子女准备教育资金或为将来退休生活准备资金的人士。

总之,如果有适当的资金,为实现资金的增值或是准备应付将来的支出,都可以投资于基金,委托基金管理公司的专家理财,既可分享证券市场带来的收益机会,又能避免过高的风险和直接投资带来的烦恼,达到轻松投资、事半功倍的效果。

三、投资于开放式基金可以采取的策略

购买基金时投资者可以根据自己的收入状况、投资经验、对证券市场的熟悉程度等来决定合适的投资策略,假如投资者对证券比较陌生,又没有太多时间来关心投资情况,那么可以采取一些被动性的投资策略,比如分期等额购入投资策略、固定比例投资策略;反之,可以采用主动性较强的投资策略,如顺势操作投资策略和适时进出投资策略。

(一)定期定额购入策略

如果投资者做好了长期投资基金的准备,同时收入来源比较稳定,不妨采用分期购入法进行基金的投资,就是不论行情如何,每月(或定期)投资固定的金额于固定的基金上,当市场上涨,基金的净值高,买到的单位数较少;当市场下跌,基金的净值低,买到的单位数较多,如此长期下来,所购买基金单位的平均成本将较平均市价低,即所谓的平均成本法。平均成本法的功能之所以能够发挥,主要是因为当证券市场低迷时,投资人亦被动地去投资购买了较多的单位数,只要投资者相信证券市场长期的表现应该是上升趋势,在证券市场低迷时买进的低成本基金,一定会带来丰厚的获利。

以这种方式投资证券投资基金,还有其他的好处:一是不必担心进场时机。二是小钱就可以投资。在国外,通过定期定额投资于基金,最低投资金额相对很低。三是长期投资报酬远比定期存款高。尽管定期定额投资有些类似于零存整取的定期存款,但因为它投资的是报酬率较高的股票,只要股市从长期来看是向

上的，其投资报酬率远比定期存款高，变现性也很好，随时可以办理赎回，安全性较高。四是种类多、可以自由选择。目前，一般成熟的金融市场上可供投资的基金种类相当多，可以让投资人自由选择。

(二)固定比例投资策略

固定比例投资策略即将一笔资金按固定的比例分散投资于不同种类的基金，当某类基金因净值变动而使投资比例发生变化时，卖出或买进这种基金，从而保证投资比例能够维持原有的固定比例。这样不仅可以分散投资成本，抵御投资风险，还能见好就收，不至于因某只基金表现欠佳或过度奢望价格会进一步上升而使到手的收益成为泡影或使投资额大幅度上升。例如，投资者决定把50%、35%和15%的资金分别买进股票基金、债券基金和货币市场基金，当股市大涨时，设定股票增值后投资比例上升了20%，便可以卖掉20%的股票基金，使股票基金的投资仍维持50%不变，或者追加投资买进债券基金和货币市场基金，使他们的投资比例也各自上升20%，从而保持原有的投资比例。如果股票基金下跌，投资者就可以购进一定比例的股票基金或卖掉等比例的债券基金和货币市场基金，恢复原有的投资比例。当然，这种投资策略并不是经常性地一有变化就调整，有经验的投资者大致遵循这样一个准则：每隔三个月或半年才调整一次投资组合的比例，股票基金上涨20%就卖掉一部分，跌25%就增加投资。

(三)顺势操作投资策略

顺势操作投资策略又称"更换操作"策略，这种策略是基于以下假定之上的：每种基金的价格都是有升有降，并随市场状况而变化。投资者在市场上应顺势追逐强势基金，抛掉业绩表现不佳的弱势基金。这种策略在多头市场上比较管用，在空头市场上不一定行得通。

(四)适时进出投资策略

适时进出投资策略即投资者完全依据市场行情的变化来买卖基金。通常采用这种方法的投资人，大多是具有一定投资经验，对市场行情变化较有把握，且投资的风险承担能力也较高的投资者。毕竟，要准确地预测股市每一波的高低点并不容易，就算已经掌握了市场趋势，也要耐得住短期市场可能会有的起伏。

四、投资开放式基金需要注意哪些误区

开放式基金在我国出现的时间很短，投资者对开放式基金的了解可能不是很多。所以投资者在投资开放式基金时，需要当心以下几个误区。

(一)对投资收益率有不切实际的幻想

基金为投资者提供的是资本长期稳定增值的前景,而非一夜暴富的机会。从国外来看,各国投资基金的收益也都有一定的平均获利水平,而且投资收益总会有好有坏。投资者应该根据基金的投资风格、基金经理的投资操作以及证券市场的大势环境,形成对基金收益的合理预期,否则,可能难以实现设定的投资目标。

(二)只看重收益,而忽视风险

投资者必须时刻提醒自己,任何投资活动都有风险,而且风险跟收益是对应的。虽然基金是专家理财,能实现组合投资,但也只能是分散风险,把风险降低到可以承受的水平,而不能彻底消除风险。

另外,虽然承担高风险并不一定能赚取高收益,但是为了追求高收益,投资者就一定要承担高风险。所以基金投资仍是有风险的,也就是说,存在损失资金的可能。

五、如何选择基金管理公司

基金是由基金管理公司管理的,基金管理公司的管理水平如何,将直接影响到基金的表现,因此选择信誉卓著的基金管理公司管理的基金进行投资,也是投资的一个重要方面。建议投资者依照下列的步骤来考察基金管理公司。

(1)基金管理公司的背景:投资人应选择信誉良好、无违法违规记录、内部管理及控制完善的基金管理公司。

(2)管理的资产规模及业绩表现:投资人可以通过基金管理公司管理的基金的总体表现来评估其管理能力。投资人应选择管理资产规模较大,管理的基金在多数时间相对同业及大盘有较好表现的基金管理公司。

(3)投资程序及经验:投资人应选择投资经验丰富,投资程序科学先进的基金管理公司。

(4)研究团队的阵容:基金管理公司的研究人员应具有丰富的行业及公司研究经验、较好的证券分析素养和较高的职业操守。

(5)客户服务:投资人应选择能提供较完善客户服务的基金管理公司。

第四章　互联网证券

互联网证券，又称网络证券、网上证券，是电子商务条件下的证券业务的创新，网上证券服务是证券业以因特网等信息网络为媒介，为客户提供的一种全新商业服务。

第一节　证券基础知识

一、A 股、B 股、H 股、N 股

A 股：正式名称是人民币普通股票。它是由中国境内的公司发行，供境内机构、组织或个人（不含台、港、澳投资者）以人民币认购和交易的普通股股票。A 股不是实物股票，以无纸化电子记账，实行“T＋1”交割制度，有涨跌幅（10%）限制，参与投资者为中国大陆机构或个人。

B 股：正式名称是人民币特种股票。它是以人民币标明面值，以外币认购和买卖，在境内（上海、深圳）证券交易所上市交易的。它的投资人限于：外国的自然人、法人和其他组织，中国香港、澳门、台湾地区的自然人、法人和其他组织，定居在国外的中国公民，中国证监会规定的其他投资人。现阶段 B 股的投资人，主要是上述几类中的机构投资者。B 股公司的注册地和上市地都在境内，只不过投资者在境外或在中国香港、澳门及台湾。

H 股：即注册地在内地、上市地在香港的外资股。香港的英文是 Hong Kong，取其字母首位，在港上市外资股就叫作 H 股。

N 股:是指那些在中国大陆注册,在纽约(New York)上市的外资股。

二、蓝筹股、绩优股、垃圾股和 ST 股

蓝筹股:通常将那些经营业绩较好,具有稳定且较高的现金股利支付的公司股票称为“蓝筹股”。就是那些在其所属行业内占有重要支配性地位、业绩优良、成交活跃、红利优厚的大公司股票。

绩优股:在我国,投资者衡量绩优股的主要指标是每股税后利润和净资产收益率。一般而言,每股税后利润在全体上市公司中处于中上地位,公司上市后净资产收益率连续三年显著超过 10%的股票当属绩优股之列。

垃圾股:与绩优股相对应,垃圾股指的是业绩较差的公司的股票。这类上市公司由于行业前景不好、经营不善等,有的甚至进入亏损行列,其股票在市场上表现出萎靡不振,股价走低,交投不活跃,年终分红也差。一般每股收益在 0.10 元以下的个股均可称作垃圾股。

ST 股:1998 年 4 月 22 日,沪深交易所宣布,将对财务状况或其他状况出现异常的上市公司股票交易进行特别处理(Special Treatment),由于“特别处理”,在简称前冠以“ST”,因此这类股票称为 ST 股。

三、普通股、优先股和后配股

普通股(Common Shares):指的是在公司的经营管理和盈利及财产的分配上享有普通权利的股份,代表满足所有债权偿付要求及优先股东的收益权与求偿权要求后对企业盈利和剩余财产的索取权。它构成公司资本的基础,是股票的一种基本形式,也是发行量最大,最为重要的股票。目前在上海和深圳证券交易所中交易的股票,都是普通股。

优先股:是相对于普通股而言的。主要指在利润分红及剩余财产分配的权利方面,优先于普通股。优先股股东没有选举权及被选举权,一般来说对公司的经营没有参与权,优先股股东不能退股,只能通过优先股的赎回条款被公司赎回,但是能稳定分红的股份。

后配股:是在利益或利息分红及剩余财产分配时比普通股处于劣势的股票,一般是在普通股分配之后,对剩余利益进行再分配。如果公司的盈利巨大,后配股的发行数量又很有限,则购买后配股的股东可以取得很高的收益。发行后配股,一般所筹措的资金不能立即产生收益,投资者的范围又受限制,因此利用率不高。后配股一般在下列情况下发行:公司为筹措扩充设备资金而发行新股票

时，为了不减少对旧股的分红，在新设备正式投用前，将新股票作后配股发行；企业兼并时，为调整合并比例，向被兼并企业的股东交付一部分后配股；在有政府投资的公司里，私人持有的股票股息达到一定水平之前，把政府持有的股票作为后配股。

四、股票交易费用

国家规定的费率有三类：

(1)印花税：卖出金额的0.1%，只在卖出时收取。

(2)券商佣金：佣金0.3%—0.02%，由证券公司决定，但是佣金最低收取标准是5元。比如买了1000元股票，实际佣金应该是3元，但是不到5元都按照5元收取(买卖时都收取)。

(3)过户费：(仅上海股票收取)过户费是每1000股收取0.6元，不足1000股也是按照0.6元收取，买卖时都收取。其他费用包括委托费、通讯费、经手费等，一般包括在券商佣金里，具体各家券商不一样。

举例说明：

假如小明买了800股，总价值一万块钱上海上市股票，佣金按0.03%收，它的费用是(1)佣金：10000×0.0003=3元，实收5元(不满5元按5元收)；(2)过户费：500股，不满1000股收0.6元。总费用是5+0.6=5.6元。假如买的是深圳上市股票，没有过户费总费用就为5元。

假如小明卖了500股价值一万块钱的上海上市公司股票：

佣金：10000×0.0003=3元，实收5元(不满5元收5元)；

过户费：500股，不满1000股，收0.6元；

印花税，卖出金额的0.1%，即为10000×0.001=10元。

总费用为：5+0.6+10=15.6元，如果买的是深圳上市股票，总费用为：5+10=15元。

五、集合竞价和连续竞价

集合竞价：是指在每个交易日上午9：15—9：25，由投资者按照自己所能接受的心理价格自由地进行买卖申报，电脑交易主机系统对全部有效委托进行一次集中撮合处理过程。在集合竞价时间内的有效委托报单未成交，则自动有效进入9：30开始的连续竞价(深市14：57—15：00为收盘集合竞价时间)。

连续竞价：即是指对申报的每一笔买卖委托，由电脑交易系统按照以下两种情况产生成交价:最高买进申报与最低卖出申报相同,则该价格即为成交价格;买入申报高于卖出申报时,申报在先的价格即为成交价格。沪市在正常交易时间即每周一至周五上午 9∶30—11∶30,下午 1∶00—3∶00。深市的上午 9∶30—11:30,下午 1∶00—2∶57 为连续竞价时间。

六、股票交易单位和交易价格

股票交易单位:A 股股票以手为交易单位,1 手=100 股,买入股票最低起点为 1 手即 100 股,超过 1 手则必须为 1 手的整数倍,即 200 股、800 股、1000 股等,此外为无效委托,不予受理,例如 250 股、371 股等。

股票交易价格:股票的持有者和购买者在股票交易市场中买卖股票时形成的股票成交价格,目的是完成股票交易过程,实现股票所有权的转移。与其他商品的价格一样,股票的价格也是由其内在的价值和外在的供求关系所决定。股票交易价格的特点包括两个方面,一是事先的不确定性,表现于它总处在不断变动之中,而且这种变动是连续性的、非间断性的,这与其票面价值、账面价值、清算价格和发行价格显然不同。二是股票交易价格的市场性。股票交易价格一般不受其发行价格的制约,也不受股份有限公司的直接支配,而是取决于股票市场的供求关系,随市场供求关系的变化而变化。

七、股票的市盈率

市盈率是一家公司股票的每股市价与每股盈利的比率。其计算公式如下:市盈率=每股市价/每股盈利。市盈率是估计普通股价值的最基本、最重要的指标之一。一般认为该比率保持在 20—30 之间是正常的,过小说明股价低,风险小,值得购买;过大则说明股价高,风险大,购买时应谨慎。但高市盈率股票多为热门股,低市盈率股票可能为冷门股。

八、涨停板和跌停板

涨停板:证券市场中交易当天股价的最高限度称为涨停板,涨停板时的股价叫涨停板价。我国证券市场股票(不包括被特殊处理 A 股)的涨幅以 10%为限,当日涨幅达到 10%为上限,买盘持续维持到收盘,称该股为涨停板,ST 类股的涨跌幅设定为 5%,达到 5%即为涨停板。涨停板是指当日价格停止上涨,而非停止交易。

跌停板:证券交易当天股价的最低限度称为"跌停板",跌停板时的股价称

“跌停板价”。我国证券市场股票(不包括被特殊处理 A 股)的跌幅以 10%为限,当日跌幅达到 10%为下限,其中 ST 股票和 * ST 股票价格跌幅比例为 5%。跌停板是指当日价格停止下跌,而非停止交易。

九、股市常用术语

(1)开盘价:指每天成交中最先的一笔成交的价格。

(2)收盘价:指每天成交中最后的一笔交易股票的价格,也就是收盘价格。

(3)成交数量:指当天成交的股票数量。

(4)最高价:指当天股票成交的各种不同价格中最高的成交价格。

(5)最低价:指当天成交的不同价格中最低成交价格。

(6)整理:是指股价经过一段急剧上涨或下跌后,开始小幅度波动,进入稳定变动阶段,这种现象称为整理,整理是下一次大变动的准备阶段。

(7)跳空:指受强烈利多或利空消息刺激,股价开始大幅度跳动。跳空通常在股价大变动的开始或结束前出现。

(8)反弹:是指在下跌的行情中,股价有时由于下跌速度太快,受到买方支撑面暂时回升的现象。反弹幅度较下跌幅度小,反弹后恢复下跌趋势。

(9)多头:对股票后市看好,先行买进股票,等股价涨至某个价位,卖出股票赚取差价的人。

(10)空头:当前股价相对较高,投资者对股市前景不看好,预计股价将会下跌,于是趁其相对高价时卖出股票,待股票下降至某一价位时再买入,获取差额收益,这种先卖后买,赚取差价的行为称为空头。

(11)买空:预计股价将上涨,因而买入股票,在实际交割前,再将买入的股票卖掉,实际交割时收取差价或补足差价的一种投机行为。

(12)卖空:预计股价将下跌,因而卖出股票,在发生实际交割前,将卖出股票如数补进,交割时,只结清差价的投机行为。

第二节　网上证券开户

本节以国泰君安证券为例,介绍网上股票开户流程。

国泰君安证券股份有限公司是在国泰证券和君安证券合并的基础上发起设

立的股份有限公司,是国内历史最悠久、综合实力最强的证券公司之一。截至2014年12月31日,国泰君安证券股份有限公司直接拥有6家境内子公司和1家境外子公司,公司在全国29个省、市、自治区设有30家分公司和232家证券营业部。2008—2014年,公司连续七年在证券公司分类评价中被评为A类AA级,为目前证券公司获得的最高评级。

在此说明,本章内容主要参考自国泰君安证券的官网,仅作演示之用,不意味着任何推荐或操作建议。

(一)自助开户

输入国泰君安证券官网:http:// www.gtja.com,点击“自助开户”(见图4-1)。

图4-1　国泰君安证券官网

(二)获取验证码

输入手机号码和图片验证码后,点击“获取验证码”按钮(一定要先完整填写手机号码和图片验证码后,才可获取短信验证码)。

(1)手机收到短信后输入验证码(见图4-2);

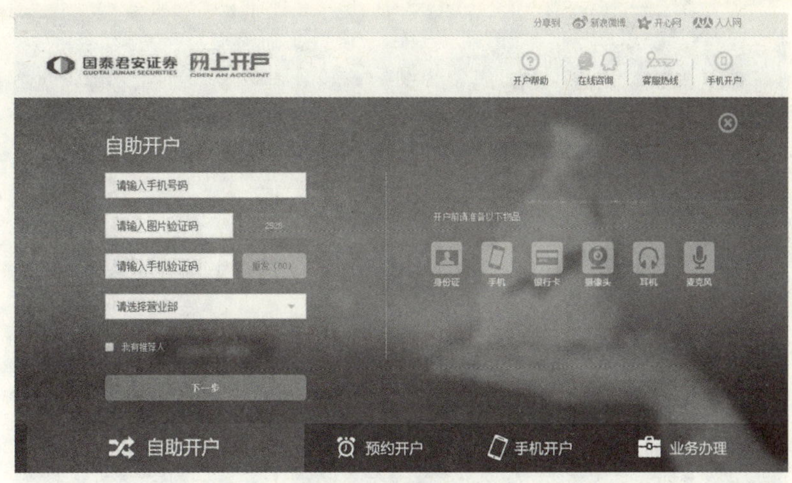

图 4-2 输入验证码

(2)根据自身具体情况选择营业部。提交时系统会再次让客户确认所选营业部,避免推荐后客户未更改而选错的情况(见图 4-3)。

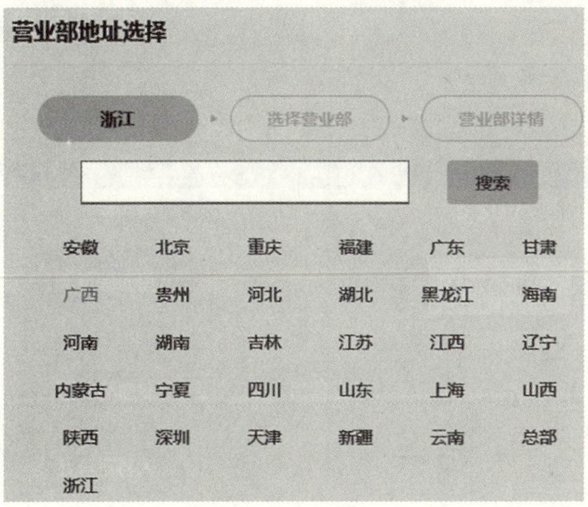

图 4-3 选择营业部

(三)身份验证

1. 安装控件

首次使用开户系统的客户,会看到“安装安全控件”的提示。点击立即“下载”后,会弹出控件下载提示,下载后进行安装(见图 4-4)。

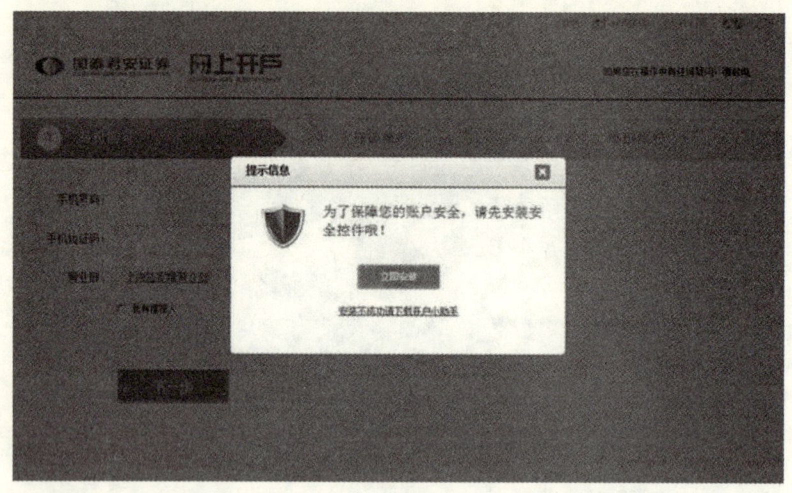

图 4-4　安装控件

2. 上传身份证件

根据网站提示上传身份证件的正反面(见图 4-5)。

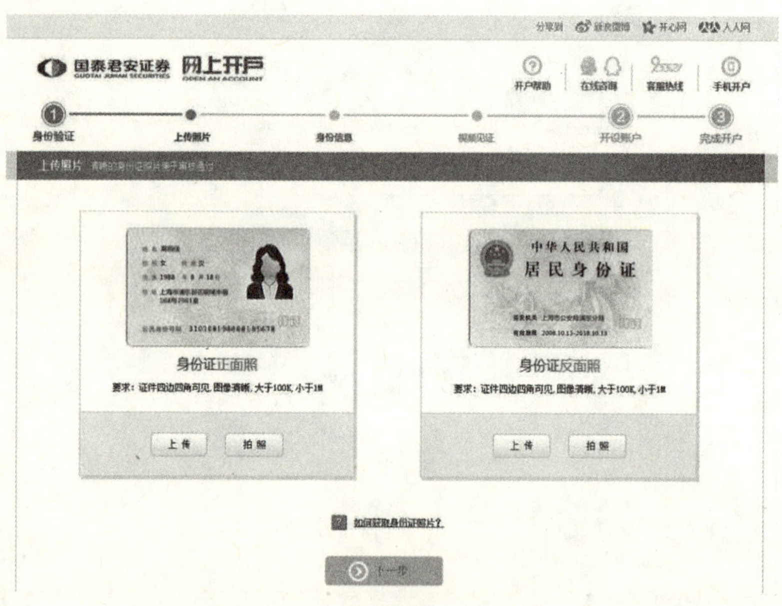

图 4-5　上传身份证件

3. 填写身份信息

(1)系统会将身份证正面照上的姓名、证件号码、证件地址、有效期限读取出来，并填写到页面上。客户需要核对，如识别有误可自行修改。邮箱需要客户手动填写(见图 4-6)。

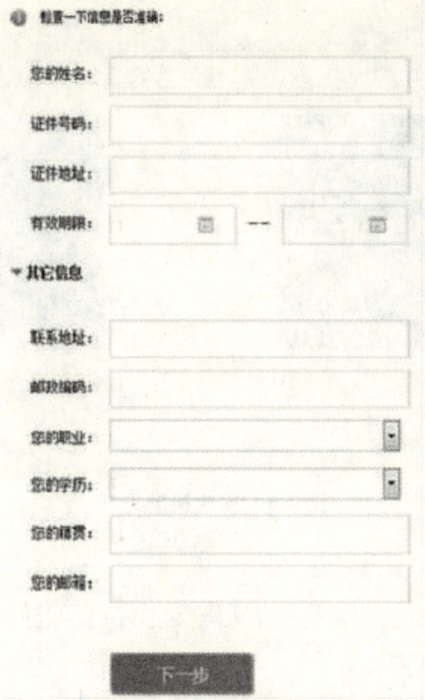

检查一下信息是否准确:

您的姓名:

证件号码:

证件地址:

有效期限: —

其它信息

联系地址:

邮政编码:

您的职业:

您的学历:

您的籍贯:

您的邮箱:

下一步

图 4-6 核对身份证信息

(2)确认后,将提示客户进行视频见证,点击“立即开始视频”,将进入视频见证环节(见图 4-7)。

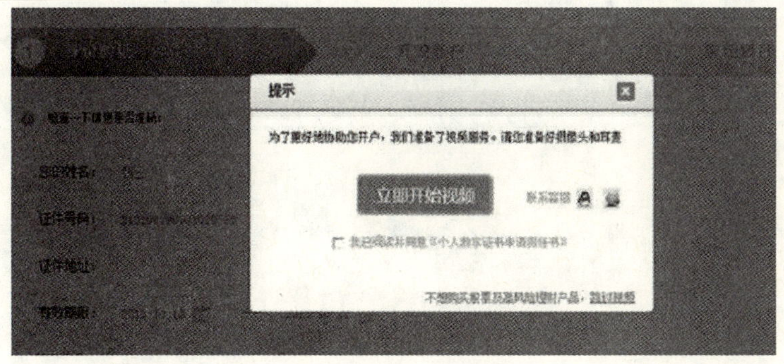

图 4-7 视频服务提示

4. 视频见证

当见证人接入视频时,用户可以看到双方的画面,请配合见证人完成视频见证(见图 4-8)。

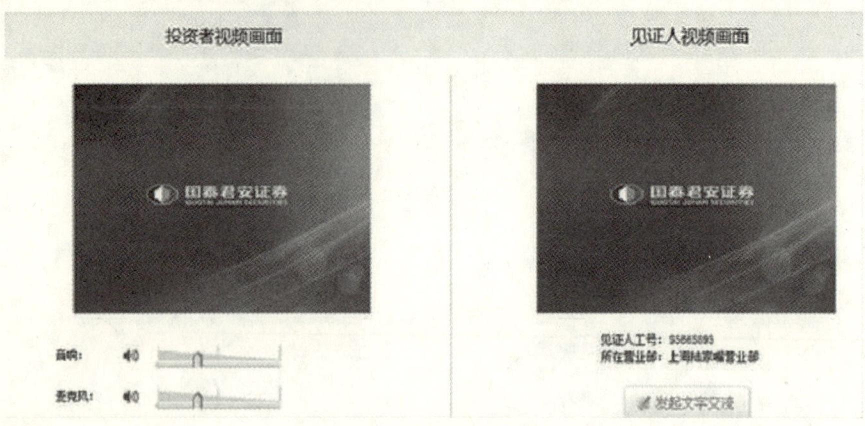

图 4-8 完成视频见证

5.银行卡验证

(1)选择一家银行后，根据提示填写验证信息(见图 4-9)；

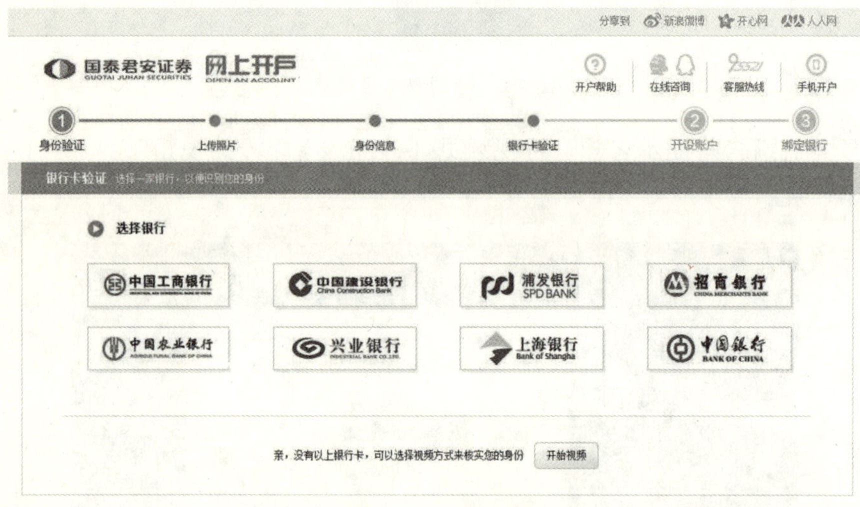

图 4-9 银行卡验证

(2)输入银行卡号并上传头像,点击“下一步”进行验证(见图 4-10);

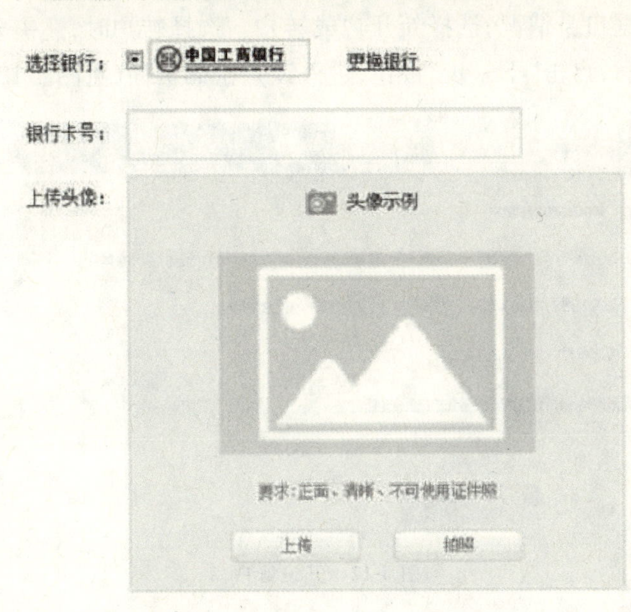

图 4-10　银行卡验证

(3)完成身份认证的客户,在弹出的数字证书界面中,点击“安装数字证书”,安装普通数字证书(见图 4-11)。

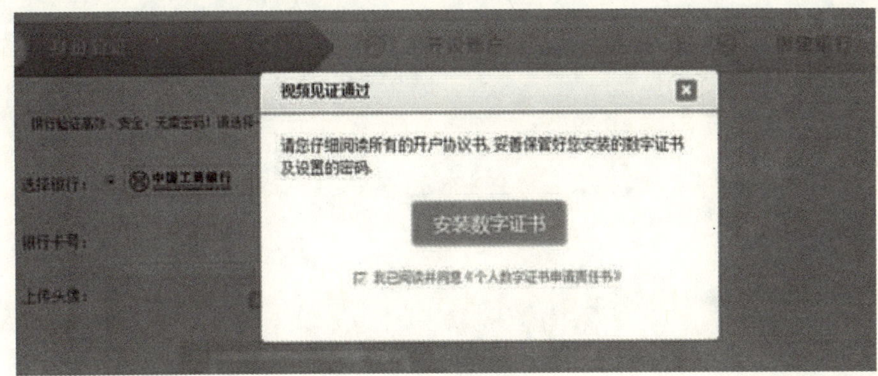

图 4-11　安装数字证书

(四)开设账户

1. 选择账户

用户可根据自身情况,选择新开户或转户。选择转户时,还需要输入股东账号。选择完成后,点击“下一步”按钮,进入设置密码页面(见图 4-12)。

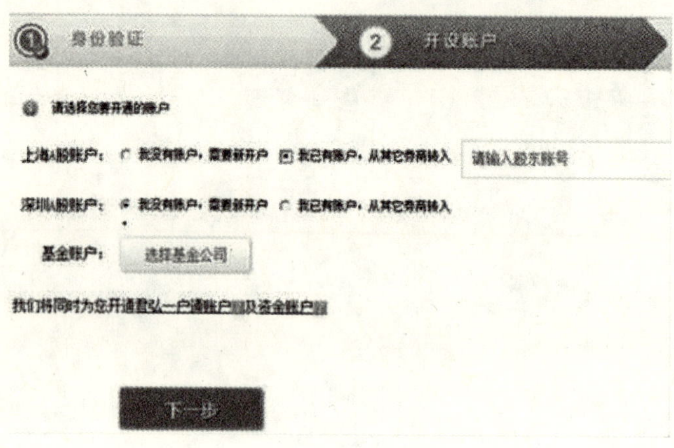

图 4-12 开设账户

2. 设置密码

建议客户只设置一套密码,便于记忆,客户也可以选择设置多套密码。通过下方的勾选,两种方式可自由切换(见图 4-13)。设置密码后,点击“下一步”,进行银行卡绑定。

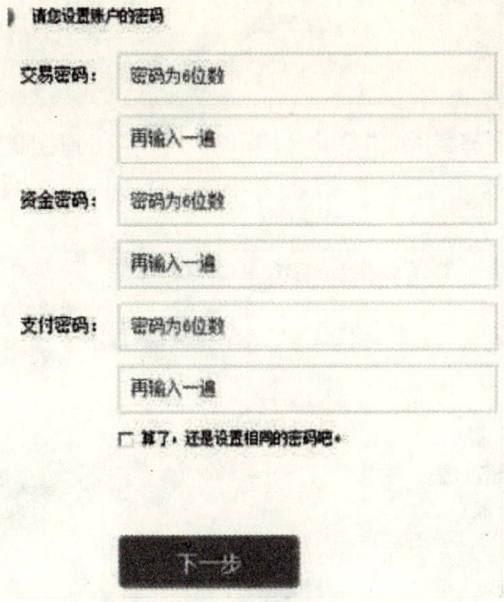

请您设置账户的密码

交易密码： 密码为6位数

再输入一遍

资金密码： 密码为6位数

再输入一遍

支付密码： 密码为6位数

再输入一遍

算了，还是设置相同的密码吧。

下一步

图 4-13　设置账户密码

(五)绑定银行卡

用户需选择一家银行卡进行绑定操作(见图 4-14)。

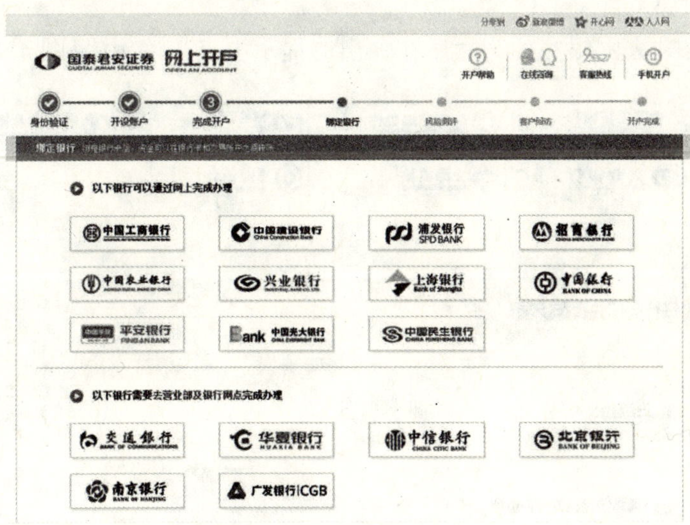

图 4-14　选择银行卡

每家银行的绑定方式略有不同,在此以工商银行、建设银行、农业银行为例介绍绑定流程。

1. 工商银行

需要点击“去网银签约”或“打电话签约”,然后在弹出的提示中点击确定(见图 4-15)。

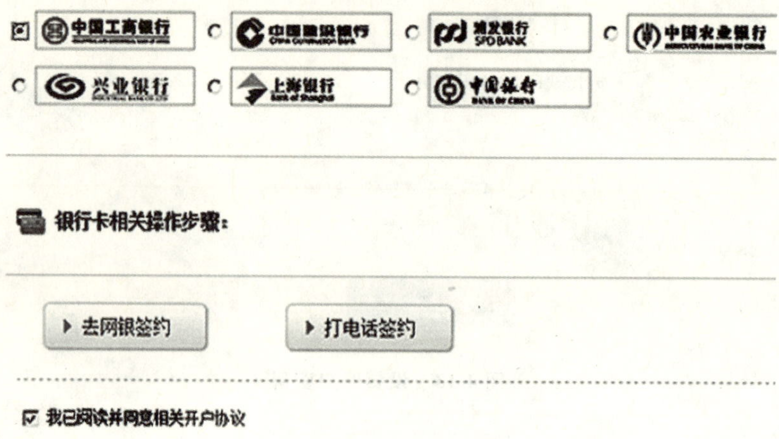

图 4-15 工商银行绑定方式

2. 建设银行

需要点击“去网银签约”,然后在弹出的提示中点击确定(见图 4-16)。

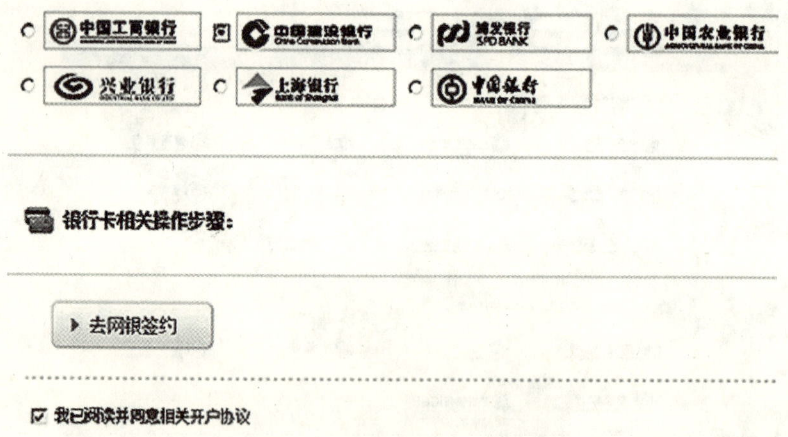

图 4-16 建设银行绑定方式

3. 农业银行

需要输入银行卡账号和图片验证码，再点击“确定”（见图 4-17）。

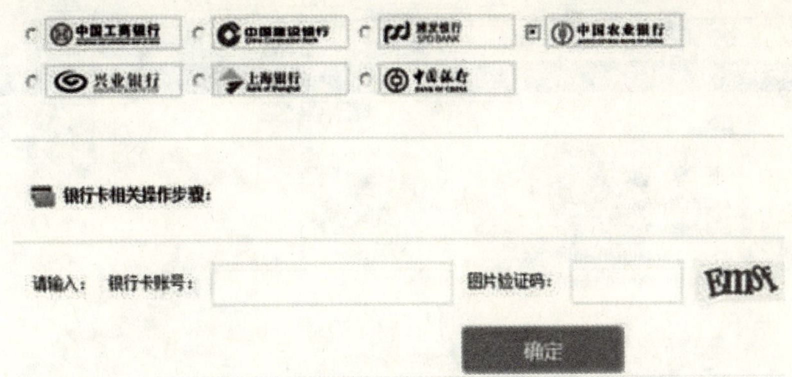

图 4-17　农业银行绑定方式

4. 线下银行

用户也可以选择以下线下银行，但需要去营业部办理后续手续（见图 4-18）。

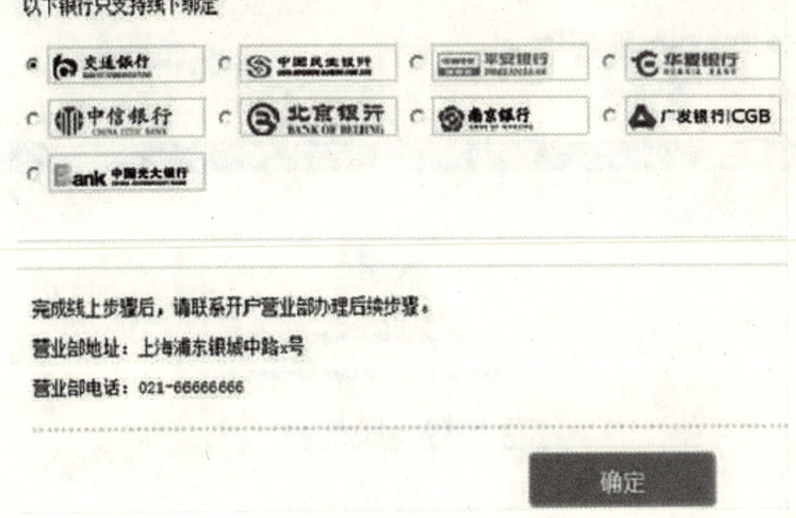

图 4-18　线下银行绑定方式

（六）风险测评

（1）客户需完成全部测试题目（见图 4-19）；

（2）所有题目选完后，点击“下一步”按钮，可看到测评结果（见图 4-20）。

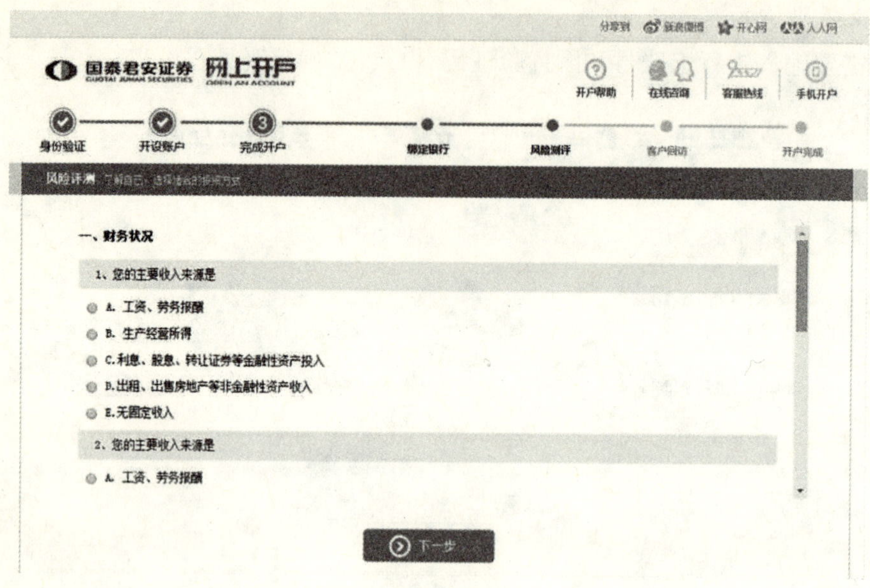

图 4-19　测试题目

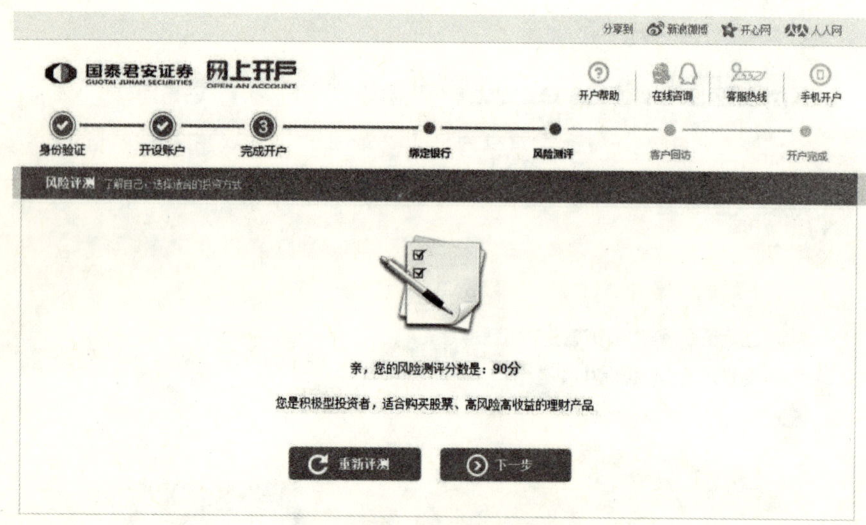

图 4-20　测评结果

(七)开户完成

风险测评完成后,点击“下一步”即完成开户(见图 4-21)。

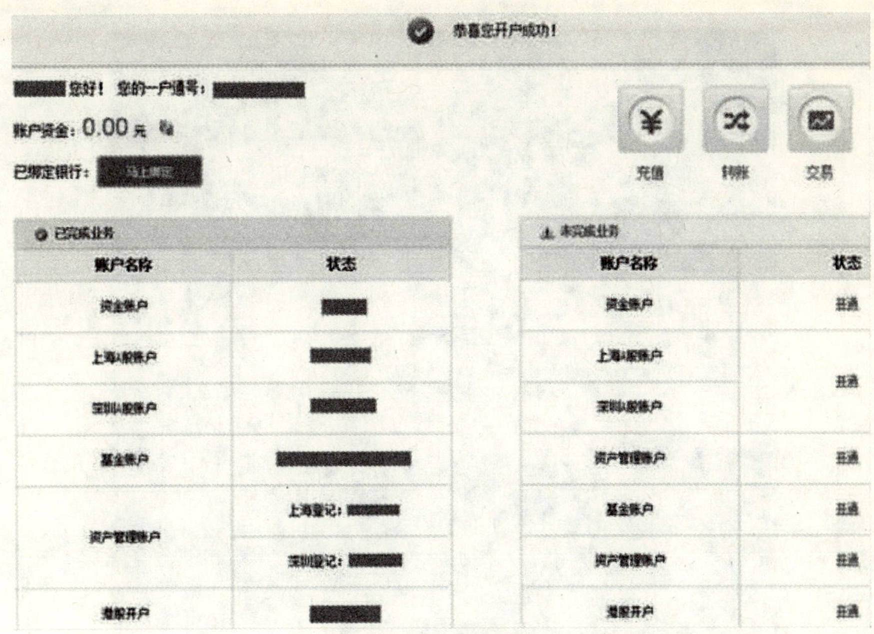

图 4-21　完成开户

第三节　网上证券操作

本节仍以国泰君安证券为例，介绍网上证券操作流程。

(一)交易登录

输入国泰君安网址：zh. gtja. com，选择交易账号，输入账号、密码、验证码，点击“登录”(见图 4-22)。

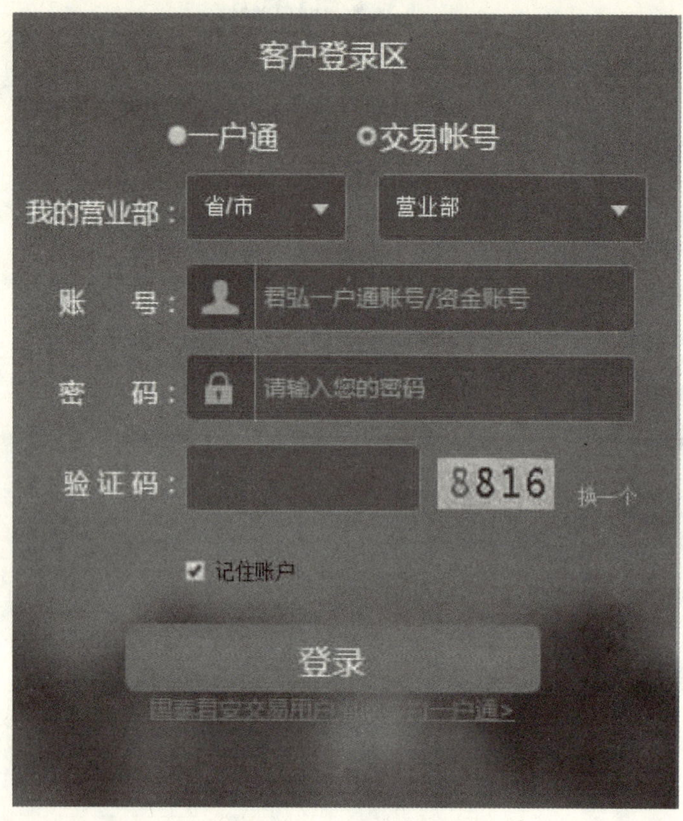

图 4-22 客户登录

(二)资金划转

1. 银证转账

选择“银证业务”→“银证转账”，选择银行，输入银行密码、资金密码和转账金额，点击“转账”(见图 4-23)。

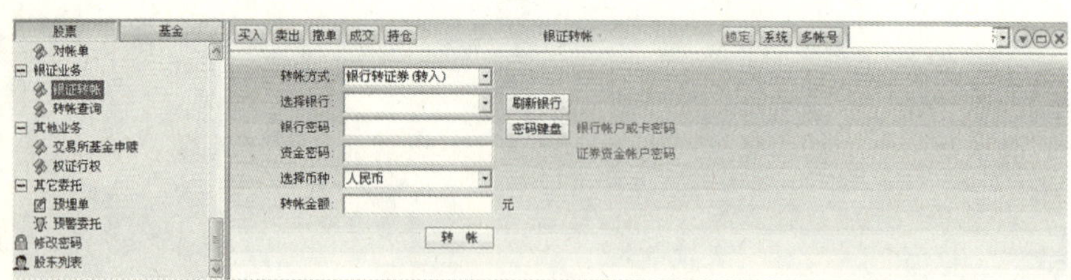

图 4-23 银证转账

2. 转账查询

选择“银证业务”→“转账查询”,可查询转账记录(见图 4-24)。

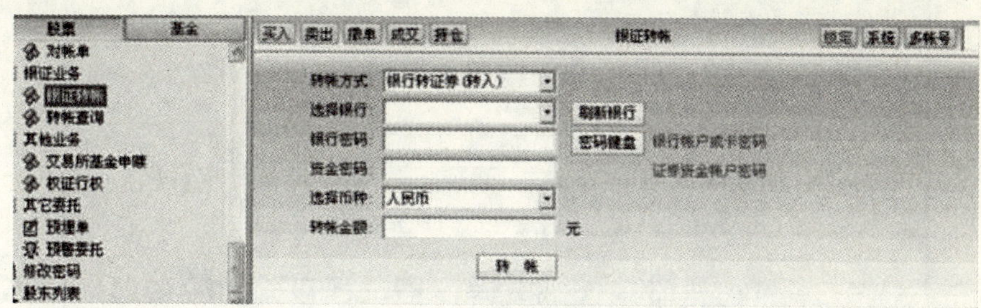

图 4-24 转账查询

(三)股票交易

1. 股票买入

(1)点击“买入[F1]”,分别输入股东代码、证券代码、买入价格和买入数量,点击“下单”(见图 4-25);

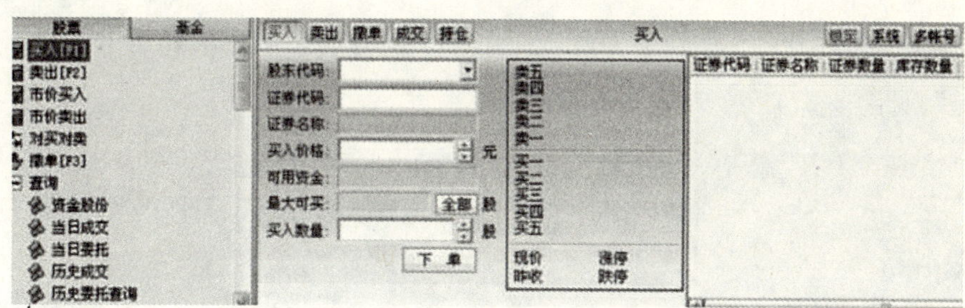

图 4-25 股票买入

(2)在填写完证券代码之后,证券名称会显现,当确认输入无误之后,点击下单会出现确认信息(见图 4-26)。

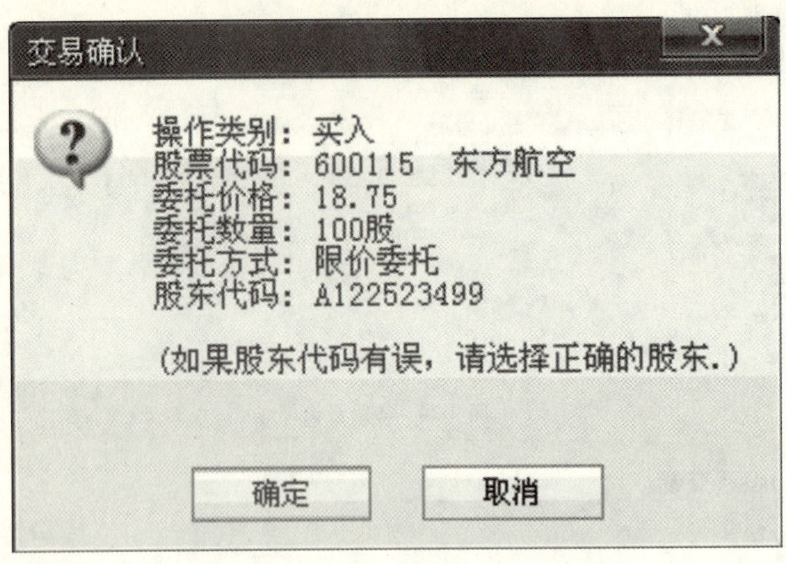

图 4-26 交易确认

2. 股票卖出

点击“卖出[F2]”,分别输入股东代码、证券代码、卖出价格和卖出数量,点击“下单”(见图 4-27)。

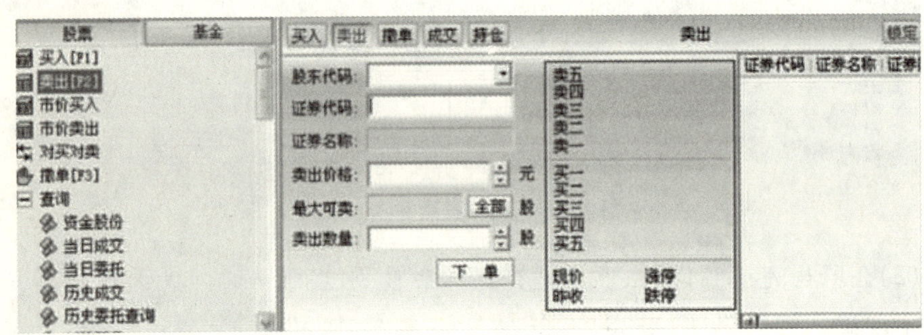

图 4-27 股票卖出

3. 市价买入

(1)点击“市价买入”,分别输入股东代码、证券代码、报价方式和买入数量,点击“下单”(见图 4-28);

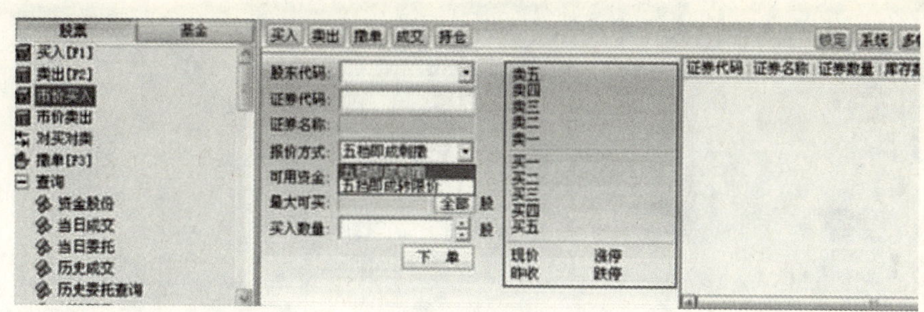

图 4-28　市价买入

(2)在填写完证券代码之后,证券名称会显现,报价方式可以下拉选择,当确认输入无误之后,点击下单会出现确认信息(见图 4-29)。

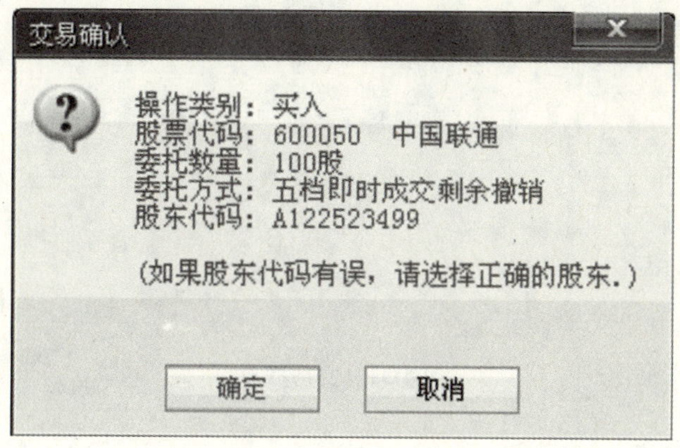

图 4-29　交易确认

4. 市价卖出

点击“市价卖出”,分别输入股东代码、证券代码、报价方式和卖出数量,点击“下单”(见图 4-30)。

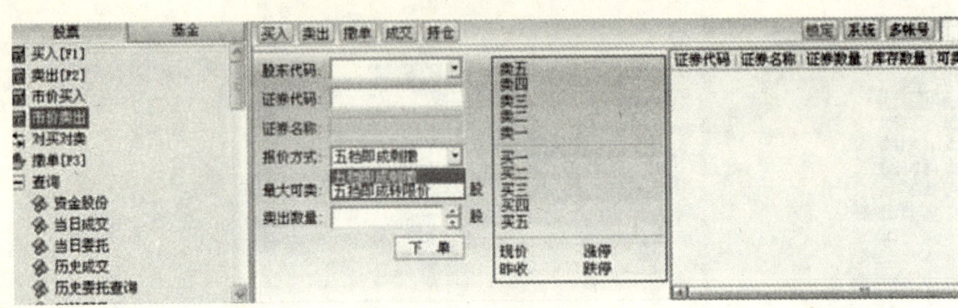

图 4-30 市价卖出

5.交易撤单

撤单就是撤回未成交的委托单。点击“撤单[F3]”,选中在要撤单的股票,点击“撤单”(见图 4-31)。

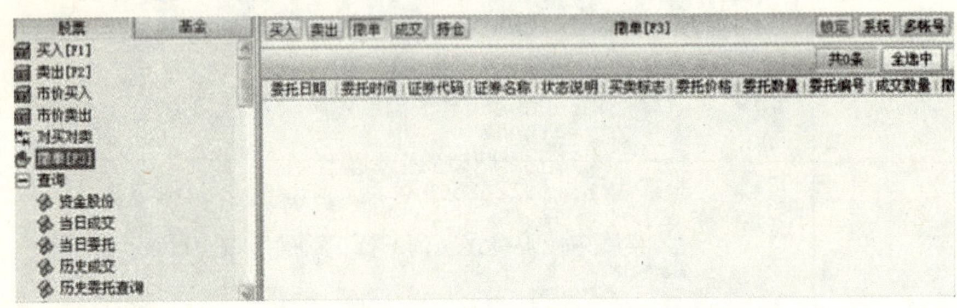

图 4-31 交易撤单

(四)股票查询

客户可以点击股票“撤单[F3]”按钮下方的“查询”按钮查询股票信息,包括资金股份查询、当日成交查询、当日委托查询、历史成交查询、历史委托查询业务(见图 4-32)。

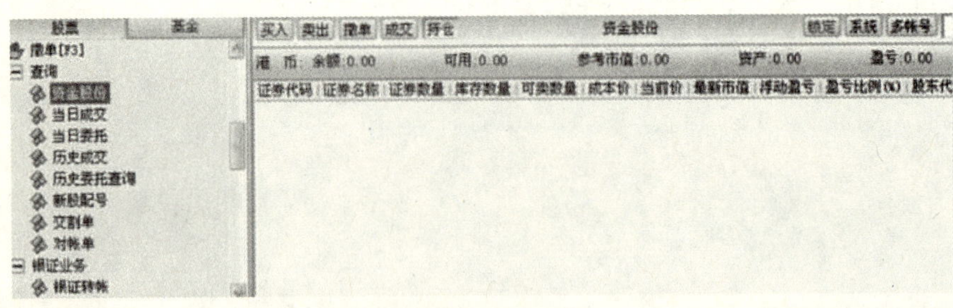

图 4-32 股票查询

第四节　掌上证券操作

通过使用掌上股票软件，用户一般可以进行以下操作：查看股市的即时行情、走势、查询个股资料、自选股设置、股票查询、买入股票、卖出股票、查询资金、查询持仓、查询委托、撤单、查询当日成交、查询历史成交等。本节以国泰君安手机炒股软件为例，介绍掌上股票操作的具体内容。

(一)下载交易软件并安装

用手机登录公司主页，下载与手机型号匹配的股票交易软件，并按提示步骤进行安装(见图 4-33)。

图 4-33　国泰君安证券主界面

(二)行情查看

1. 沪深指数

点击主界面"市场指数"可查看上证指数、深圳成指、创业板指、沪深 300、中小板指、上证 50 指数、上证 380 指数、A 股指数、B 股指数等(见图 4-34)。

▼ 沪深指数		
上证指数 000001	2967.19	0.08%
深证成指 399001	10221.83	0.12%
创业板指 399006	2162.76	0.33%
沪深300 399300	3181.93	0.09%
中小板指 399005	6664.50	0.12%
上证50 000016	2157.86	0.10%
上证380 000009	5303.68	0.01%
深证100R 399004	4349.73	0.14%
A股指数 000002	3105.18	0.08%
B股指数 000003	369.29	0.00%

图 4-34 沪深指数

2. 板块行情

点击主界面“板块监测”可查看各类板块当时的行情(见图 4-35)。

行业板块	涨跌幅 ↓	领涨股
航天军工	0.65%	景嘉微 300474
餐饮旅游	0.62%	曲江文旅 600706
能源设备	0.48%	宝德股份 300023
半导体	0.44%	爱康科技 002610
石油天然气	0.42%	洲际油气 600759
农业	0.41%	康达尔 000048
医疗保健	0.41%	理邦仪器 300206
工业机械	0.38%	朗迪集团 603726
汽车零部件	0.33%	德宏股份 603701

图 4-35 板块行情

3. 涨跌排行

点击主界面“涨跌排行”菜单,可以看到涨跌排行榜(见图 4-36)。

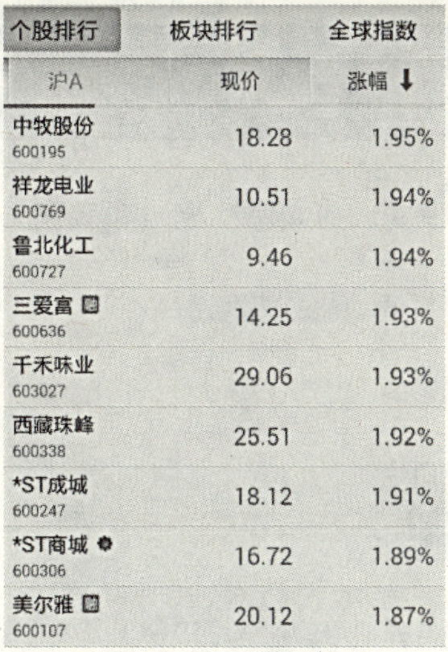

个股排行 板块排行 全球指数

沪A	现价	涨幅 ↓
中牧股份 600195	18.28	1.95%
祥龙电业 600769	10.51	1.94%
鲁北化工 600727	9.46	1.94%
三爱富 600636	14.25	1.93%
千禾味业 603027	29.06	1.93%
西藏珠峰 600338	25.51	1.92%
*ST成城 600247	18.12	1.91%
*ST商城 600306	16.72	1.89%
美尔雅 600107	20.12	1.87%

图 4-36 涨跌排行

4. 我的股票

点击主界面“我的自选”菜单,可以看到我的自选股票列表及涨跌幅(见图 4-37)。

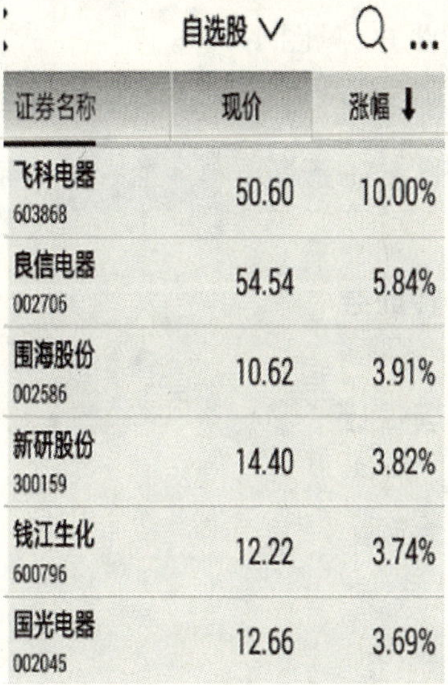

自选股 ∨

证券名称	现价	涨幅 ↓
飞科电器 603868	50.60	10.00%
良信电器 002706	54.54	5.84%
围海股份 002586	10.62	3.91%
新研股份 300159	14.40	3.82%
钱江生化 600796	12.22	3.74%
国光电器 002045	12.66	3.69%

图 4-37 我的股票

(三)账号登录

输入账号、交易密码和认证口令等,登录交易软件(见图 4-38)。

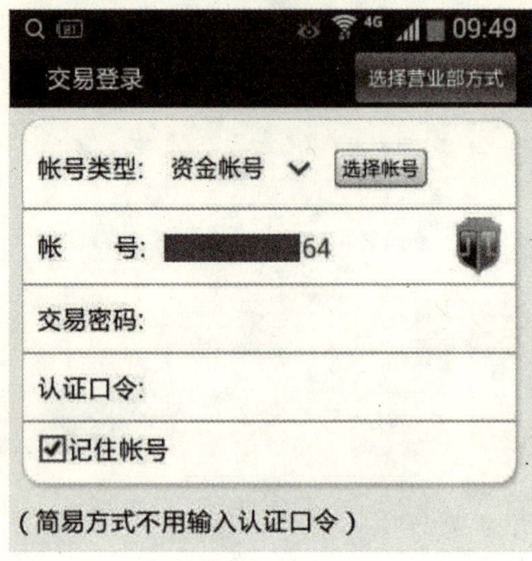

图 4-38　账号登录

(四)银证转账

支持银证转账,可以将银行存款账户的资金转账到证券账户,也可以将证券账户资金转出到银行存款账户(见图 4-39)。

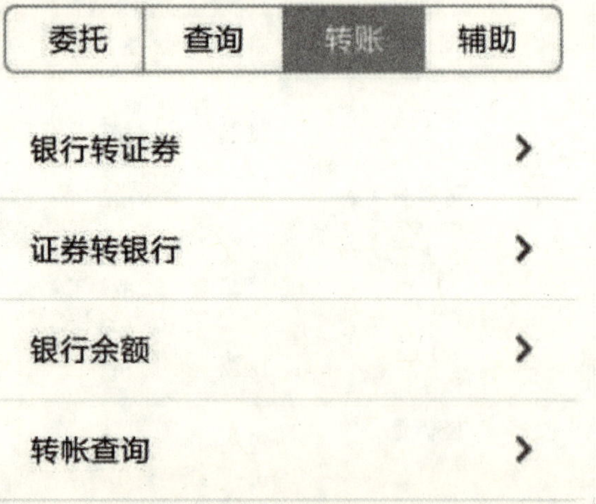

委托　查询　转账　辅助

银行转证券

证券转银行

银行余额

转帐查询

图 4-39　银证转账

1. 银行转证券

点击“转账”→“银行转证券”，输入转账金额后确定(见图 4-40)。

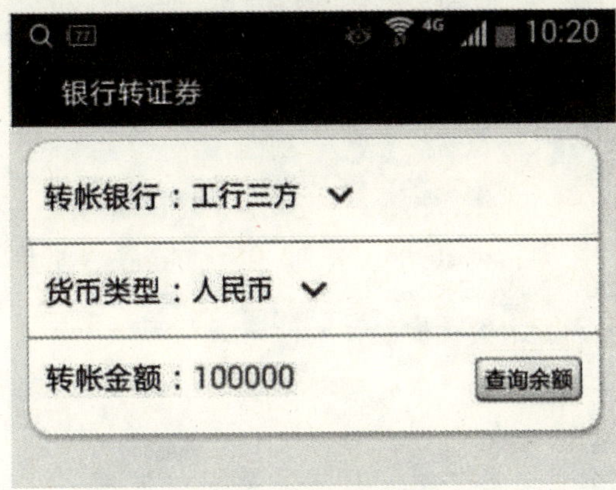

图 4-40 银行转证券

2. 证券转银行

点击“转账”→“证券转银行”，输入密码和转账金额后确定(见图 4-41)。

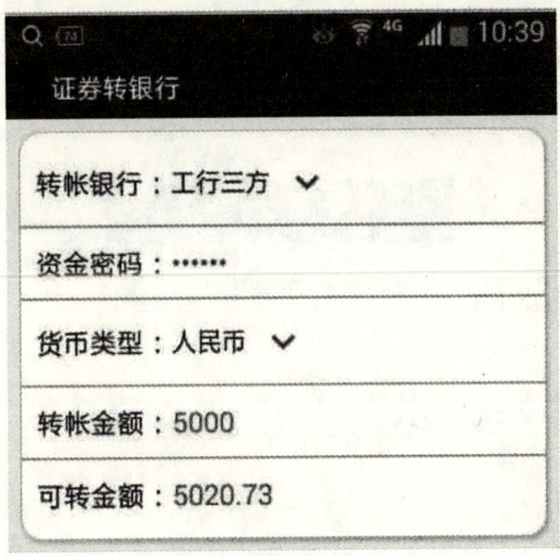

图 4-41 证券转银行

3. 转账查询

点击“转账”→“转账查询”，可查看当日的转账情况(见图 4-42)。

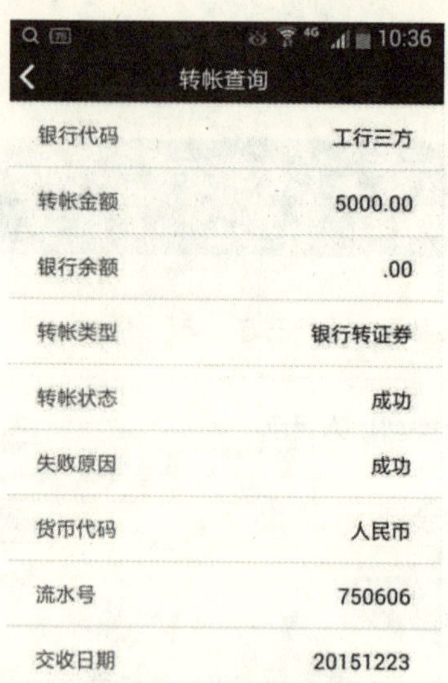

图 4-42　转账查询

(五)股票交易

1. 委托买入

点击“在线交易”→“委托”→“买入”,输入证券代码、买入价格和数量,确认即可发送委托请求(见图 4-43)。

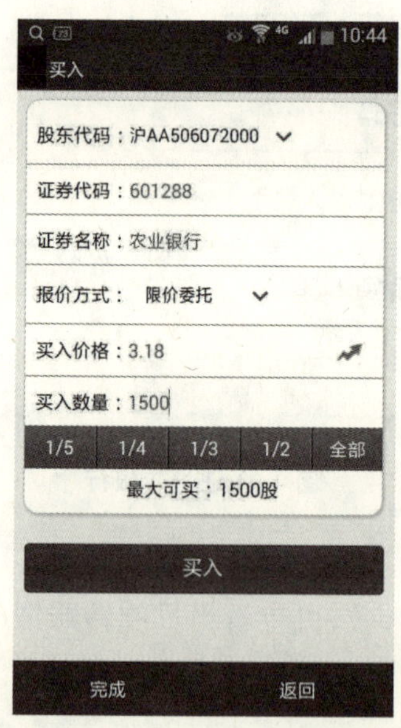

图 4-43　股票委托买入

2. 交易撤单

点击“在线交易”→“委托”→“撤单”→“全部撤单”，即可撤销当天委托请求（见图 4-44）。

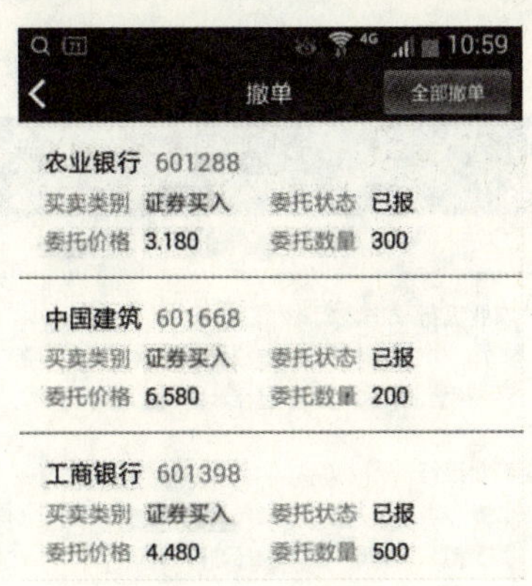

图 4-44 交易撤单

3. 委托卖出

点击“在线交易”→“委托”→“卖出”，输入证券代码、卖出价格和数量，确认即可发送卖出请求（见图 4-45）。

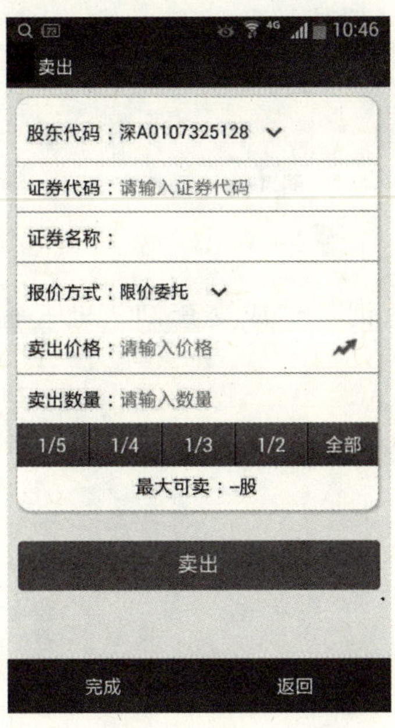

图 4-45 委托卖出

(六)交易查询

1. 委托查询

点击“在线交易”→“查询”→“委托查询”,可查看当天的委托交易情况(见图4-46)。

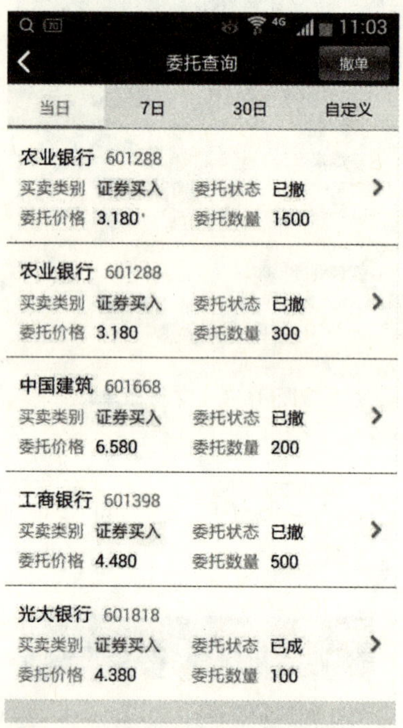

图 4-46　委托查询

2. 成交查询

点击“在线交易”→“查询”→“成交查询”,可查看当天的成交情况(见图4-47)。

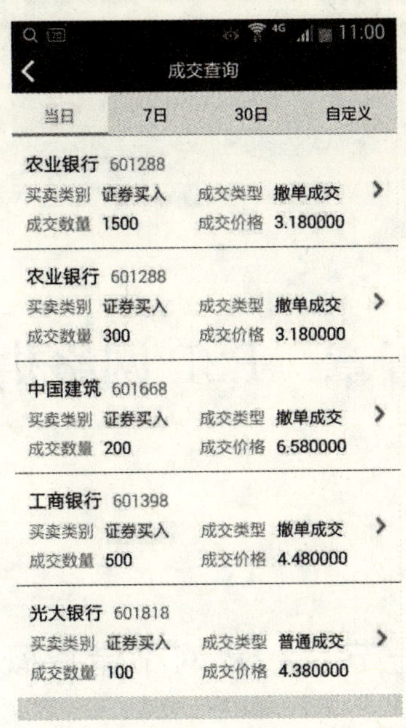

图 4-47　成交查询

3. 资金股份查询

点击“在线交易”→“查询”→“资金股份”，可查看账户即时的资金、持仓市值、持仓盈亏、当日盈亏情况(见图 4-48)。

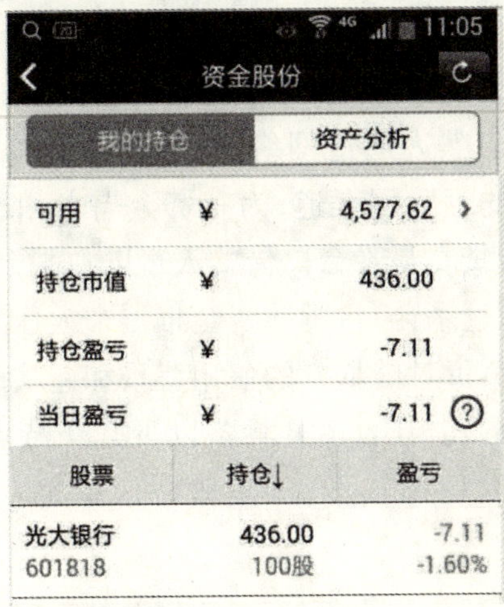

图 4-48　资金股份查询

第五章　P2P网络借贷

第一节　P2P网络借贷概述

一、什么是P2P网络借贷

网络借贷指借贷过程中,借入者和借出者均可利用这个网络平台,一切资料与资金、合同、手续等全部通过网络实现,借贷双方足不出户即可实现借贷目的,而且一般额度都不高,无抵押,纯属信用借贷。P2P是Peer to Peer的简写,Peer是个人的意思,所以P2P网络借贷是一种个人对个人的借贷。简单地说,就是有闲钱进行投资理财的自然人通过网络,将资金借给需要借钱的自然人。P2P网络借贷平台借助当今的互联网渠道,为有资金需求和理财需求的个人搭建了一个透明、公平的网络借贷交易平台。借款人可以在平台上获得信用评级、发布借款请求;投资人可以通过平台,将闲散资金根据个人偏好选择性分散出借给信用良好的借款人。平台负责对借款方的信用背景和还款能力进行详细考察。

与传统的银行贷款形式相比,P2P具备以下几个特点:一是审查成本低;二是以小额贷款为主,准入门槛较低;三是服务对象主要为中低收入者和中小企业。

二、P2P网络借贷与民间借贷的区别

(一)借贷渠道不同

P2P网络借贷是通过互联网来操作的,民间借贷主要发生在线下的朋友圈。

(二)借贷收益不同

如果有接触或者使用过民间借贷的人应该都知道,民间借贷的特点就是这个借贷行为会限制在固定的朋友圈范围内。如不在朋友圈范围,可能会由于信用质疑的问题不敢出借自己的资金,而熟悉的人则存在不好意思多收利息的情况。不过 P2P 网贷公司的存在则很好地解决了这一问题,它使得民间借贷不再地域化,同时平台会根据借款情况给出合理的收益水平,投资者不需要再为这个问题而烦恼。

(三)信息透明程度不同

P2P 网贷以具有资质的第三方网站作为中介平台,而互联网的一大特点就是可以突破信息传递时间和空间的限制,所展示的借款人信息必须详尽、透明,投资人可以根据平台展示的资料判断是否投资。而民间借款往往需要通过信用中介或中间人,投资人对借款人信息以及借款用途等情况并不十分了解。而且一旦发生经济纠纷,容易出现暴力催债的现象,对社会稳定造成不良影响。

三、国内 P2P 网络借贷发展情况

网络借贷起源于欧美,美国最大的网络借贷平台是 Prosper,欧洲最大的网络借贷平台是 Zopa。

我国第一家网络借贷平台拍拍贷成立于 2007 年,它秉承“让朋友之间的借贷成为乐趣”的理念,通过提供网络借贷中介服务,实现借贷双方达成合意、资源互补的目的。目前我国网络借贷平台主要有线上和线下两种模式。线上模式以拍拍贷、红岭创投为代表,所有的借贷活动均通过网络完成。线下模式以宜信为代表,它的借贷并不是通过网络来完成,网络只是一个提供信息的平台,具体的借贷是由分布在全国的 30 多家分公司来完成。

(一)P2P 网络借贷平台数量及分布

2010 年以来,我国网贷运营平台呈现爆发式增长,据不完全统计,2014 年年底网贷运营平台已达 1575 家。2010—2014 年网贷运行平台数量见图 5-1。

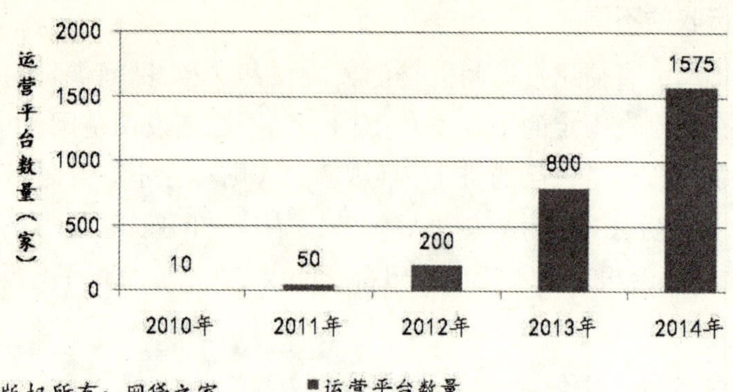

图 5-1　2010—2014 年网贷运营平台数量

(二)P2P 网络借贷成交量

截至 2014 年底,中国网贷行业历史累计成交量超过 3829 亿元。2014 年网贷行业成交量以月均 10.99%的速度增加,全年累计成交量高达 2528 亿元,是 2013 年的 2.39 倍。2014 年下半年网贷行业成交量增速提高较为明显。2014 年底,网贷行业兑付压力较大,中小平台频频出现提现困难,资金倾向流向风投入股、银行、上市公司、国资国企背景的平台寻求“避风港”,12 月这些平台累计成交量占全国的 31.47%,较 11 月大幅提升。目前,运营稳健平台一方面接受各方资本洗礼,另一方面加速创新力度,开发新产品、拓展新业务,行业巨头逐渐显现。而运营不规范的平台正在接受严峻考验,逐渐脱离竞争行列,新一轮倒闭潮势必加速这一进程,优化网贷运营大环境。2015 年网贷行业快速发展的势头预计将会延续。2010—2014 年网贷成交量见图 5-2。

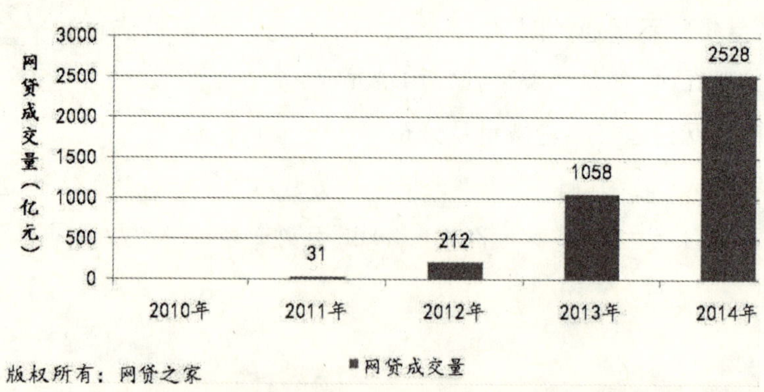

图 5-2　2010—2014 年网贷成交量

(三)P2P 网络借贷贷款余额

贷款余额,也称待收金额,指平台目前在贷的尚未还款的本金(不计利息)。贷款余额是衡量平台借贷规模和安全程度的重要指标。截至 2014 年 12 月底,网贷行业总体贷款余额达 1036 亿元,是 2013 年的 3.87 倍。网贷贷款余额随着网贷行业成交量和借款期限的增加而快速上升,由年初的 308.71 亿元上升到年底的 1036 亿元,月复合增长率达到 11.64%。除去银行存款,相比其他成熟的固定收益市场,网贷行业的规模仍然十分微小。2010—2014 年网贷余额见图 5-3。

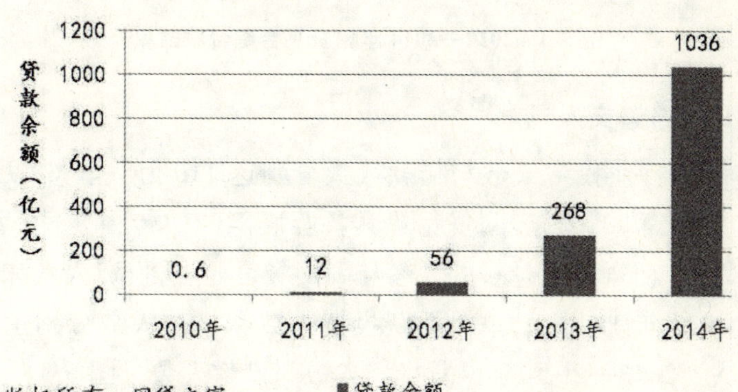

图 5-3 2010—2014 年网贷余额

(四)P2P 网络借贷综合收益率

2014 年网贷综合收益率为 17.86%,自 2014 年 3 月以来,网贷行业综合收益率呈现持续下跌趋势,平均下降速度为 56 个基点(1 基点=0.01%),截至 2014 年 12 月底,网贷综合收益率跌至 16.08%。

从平台来讲,高息已不是平台吸引投资人的唯一策略。从降低运营成本,开发更多优质的借款人扩大业务量以及稳定经营角度考虑,平台逐步下调收益率。另外,一些运营时间较长的老平台和“国资系”“银行系”背景平台利率普遍较低,也拉低了行业整体利率。近几年网贷平台综合收益率走势见图 5-4。

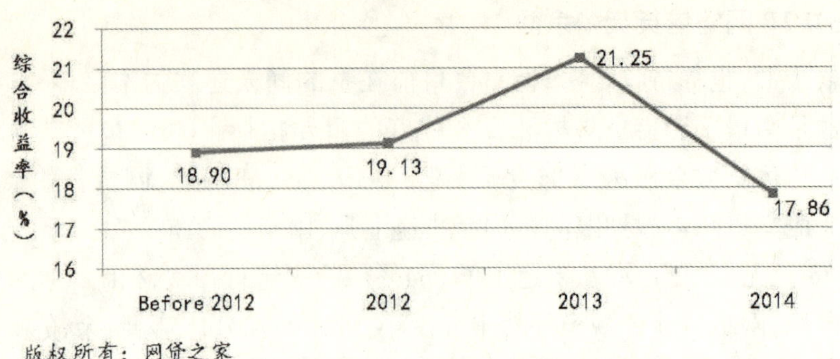

图 5-4　2012—2014 年网贷平台综合收益率

(五)P2P 网络借贷人气

2014 年网贷行业投资人数与借款人数分别达 116 万人和 63 万人，较 2013 年分别增加 364%和 320%。网贷行业具备互联网高效传播属性，另外，平台媒体宣传力度增大，使得越来越多的人参与到网贷行业中，投资人数和借款人快速增加。截至 2014 年 12 月底，单月活跃投资人数和借款人数分别达 88.20 万人和 17.85 万人。2013—2014 年网贷投资人数与借款人数见图 5-5。

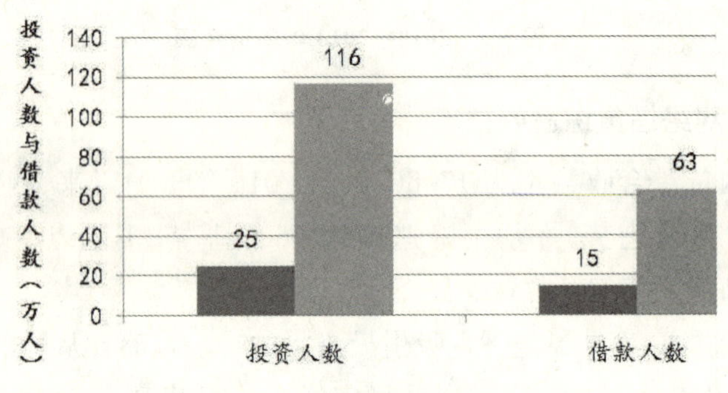

图 5-5　2013—2014 年网贷投资人数与借款人数

四、P2P 网贷行业监管十大原则

2014 中国互联网金融创新与发展论坛于 9 月 27 日在深圳召开，中国银监会创新监管部主任王岩岫在会议上提出了 P2P 网贷行业监管的十大原则。

(1)P2P 的发展要坚持业务本质，P2P 机构不能持有投资者的资金，不得建资金池；

(2)落实实名制原则，投资人与融资人都要实名登记，资金流向要清晰，避免违反反洗钱法规；

(3)P2P 要清晰业务边界，要明确 P2P 机构不是信用中介，也不是交易平台，是信息中介，P2P 是为双方的小额借贷提供信息服务的机构，应与其他法定特许金融服务进行区别；

(4)P2P 要有行业门槛，P2P 机构应做好风险评估、风险提示和投融资限额的规定；

(5)贷款人和投资人的资金要进行第三方托管，不能以存管代替托管，同时尽可能引进正规的审计机制，P2P 机构自己不能碰钱，避免非法集资的行为；

(6)P2P 机构不得为投资人提供担保，不得为借款本金或者收益做出承诺，不承担系统风险和流动性风险，只是信息的提供者，不得从事贷款和受托投资业务、不得自保自融；

(7)走可持续发展道路，要有明确的收费机制，不要盲目追求高利率融资项目，力求长期的发展；

(8)P2P 行业应该充分提高信息披露的程度、揭示风险，既要向市场披露自身的管理和运营信息，也要向投资者做好风险提示，开展必要的外部审计；

(9)P2P 投资者平台应该推进行业规则的制定和落实，加强行业自律的作用；

(10)坚持小额化、普惠金融、支持个人和小微企业。

第二节　P2P 网络借贷平台投资操作

本节将以上海陆家嘴国际金融资产交易市场股份有限公司(以下简称“陆金所”)为例介绍 P2P 网络借贷平台投资操作流程。

陆金所于 2011 年 9 月在上海注册成立，注册资金 8.37 亿元人民币，是中国平安保险(集团)股份有限公司旗下成员之一，总部位于国际金融中心上海陆家嘴。陆金所是中国平安集团倾力打造的专业投融资平台，致力于为企业及个人客户提供专业、可信赖的网上投融资服务，实现财富增值。

本节内容主要参考了陆金所官网的内容。选择“陆金所”作为投资示例，仅出于写作和展示方面的便利，不意味着对该平台进行任何推荐和建议。投资人应依靠自己的判断选择平台，谨慎投资。

(一)用户注册及实名认证

1. 用户注册

(1)登录陆金所网站首页：www. lu. com，点击“免费注册”进入注册页面(见图 5-6)；

图 5-6　陆金所网站首页

(2)按提示填写用户名、登录密码、手机号码、验证码，点击“同意并注册”，输入手机动态码，点击“确认”(见图 5-7)。

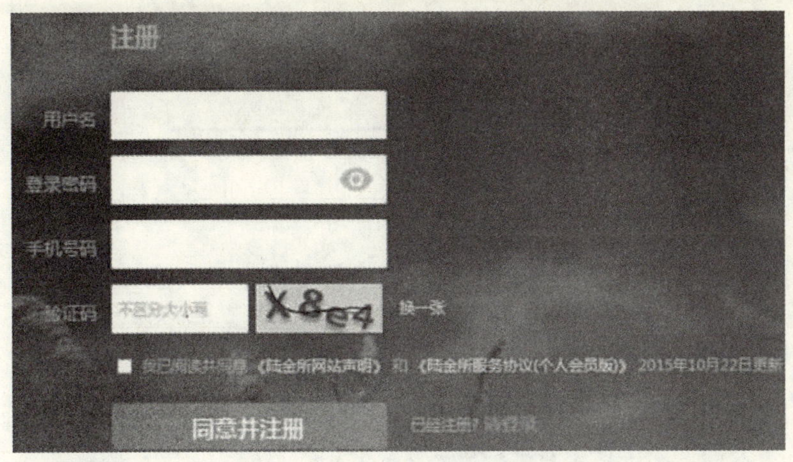

图 5-7　用户注册

2. 实名认证

注册成功后,录入真实姓名、身份证号码,点击“认证”之后提示实名认证成功。

3. 设置安全保护问题和交易密码

(1)实名认证成功后,选择“我要投资”;

(2)完成投资前的准备工作,点击“立即设置”,设置安全保护问题和交易密码(见图 5-8)。

实名认证	保障账户安全，确认投资身份	已认证
绑定银行卡	保障资金安全，充值、取现资金同卡进出	立即认证
交易密码	保障资金安全，充值、取现、投资等资金相关操作时使用	立即设置
安全保护问题	保障个人隐私，修改个人信息等操作时使用	立即设置

图 5-8　设置安全保护问题和交易密码

4. 风险能力评估

根据提示回答问题,进行风险承受能力评估测试(见图 5-9)。

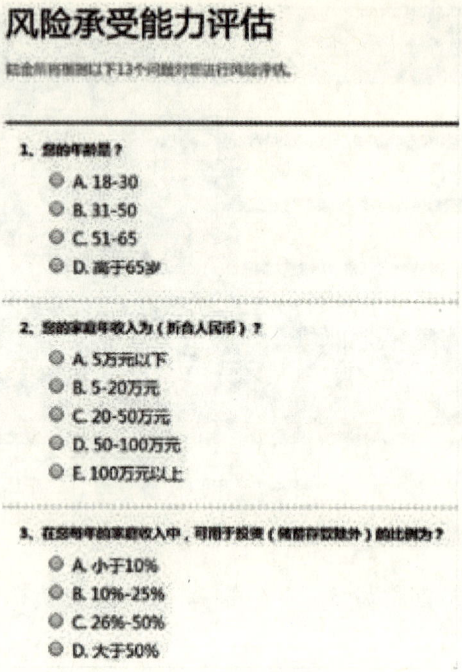

风险承受能力评估

陆金所将根据以下13个问题对您进行风险评估。

1．您的年龄是？

- A. 18-30
- B. 31-50
- C. 51-65
- D. 高于65岁

2．您的家庭年收入为（折合人民币）？

- A. 5万元以下
- B. 5-20万元
- C. 20-50万元
- D. 50-100万元
- E. 100万元以上

3．在您每年的家庭收入中，可用于投资（储蓄存款除外）的比例为？

- A. 小于10%
- B. 10%-25%
- C. 26%-50%
- D. 大于50%

图 5-9　风险承受能力评估

5. 邮箱认证

(1)进行邮箱认证，输入常用邮箱后，点击“确定”；

(2)陆金所会向用户邮箱发送一封验证邮件，用户可前往邮箱收取邮件；

(3)根据邮件提示完成邮箱认证。

(二)银行卡认证

(1)完成实名认证后，在“银行卡认证”页面，输入“银行卡号”，点击“下一步”(见图 5-10)；

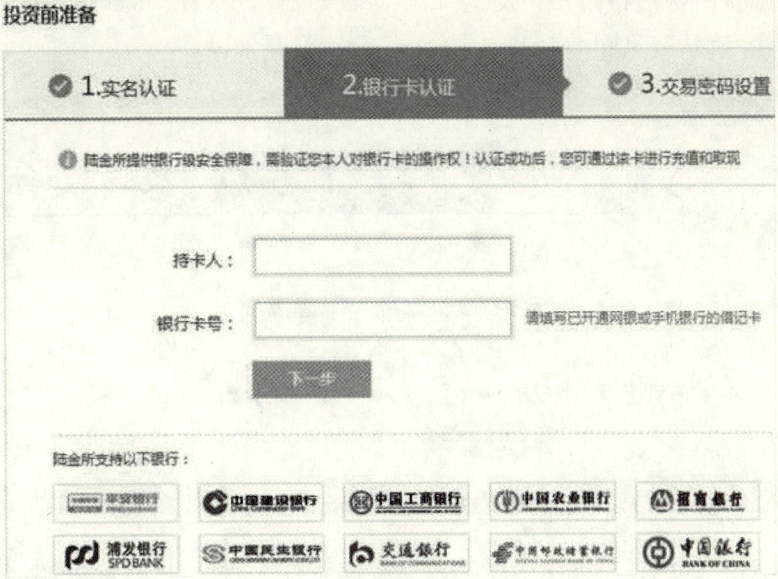

投资前准备
1.实名认证
2.银行卡认证
3.交易密码设置
陆金所提供银行级安全保障，需验证您本人对银行卡的操作权！认证成功后，您可通过该卡进行充值和取现
持卡人：
银行卡号：
请填写已开通网银或手机银行的借记卡
下一步
陆金所支持以下银行：
平安银行
中国建设银行
中国工商银行
中国农业银行
招商银行
浦发银行
SPD BANK
中国民生银行
交通银行
中国邮政储蓄银行
中国银行
BANK OF CHINA

图 5-10　银行卡认证

(2)确认银行卡信息后点击“确认”，如需修改银行卡号，可点击“返回修改”进行更正(见图 5-11)；

3.交易密码设置
确认信息
请确认您的银行卡信息
持卡人：
银行：
银行卡号：
确认
返回修改

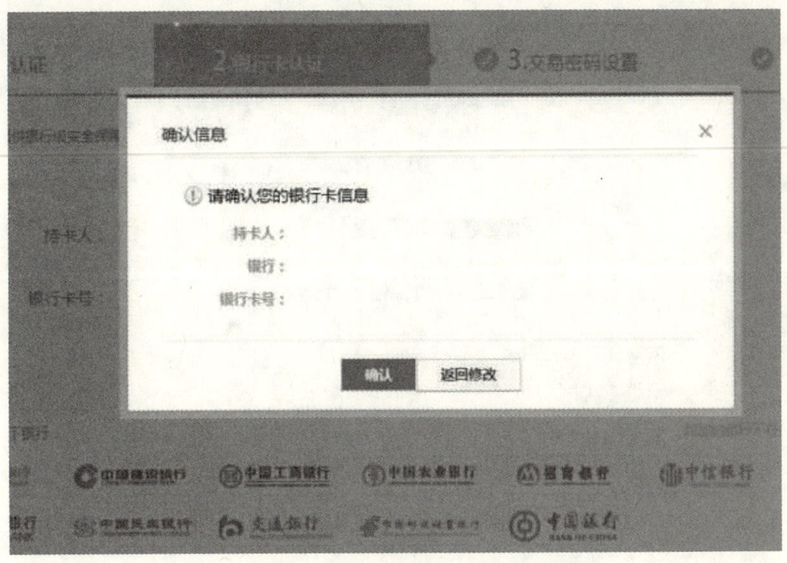

图 5-11　确认银行卡信息

(3)陆金所网站将向用户发送“汇款金额短信”,用户在页面输入短信中的金额后,点击“确认”(见图 5-12);

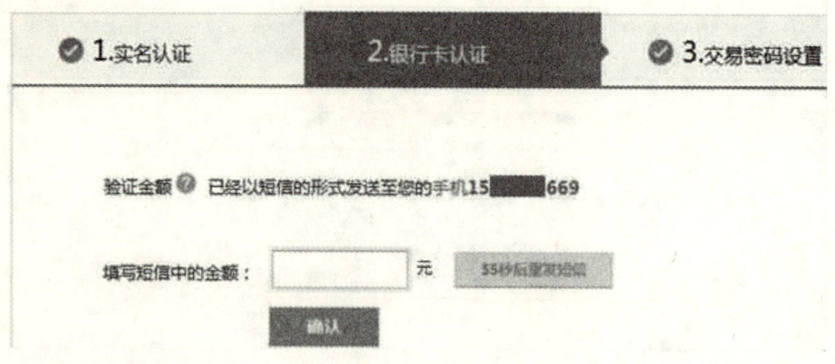

图 5-12　填写汇款金额短信

(4)点击“去网银转账”,登录需要认证的银行卡网银,将验证金额,转账到页面提示的收款账户(见图 5-13);

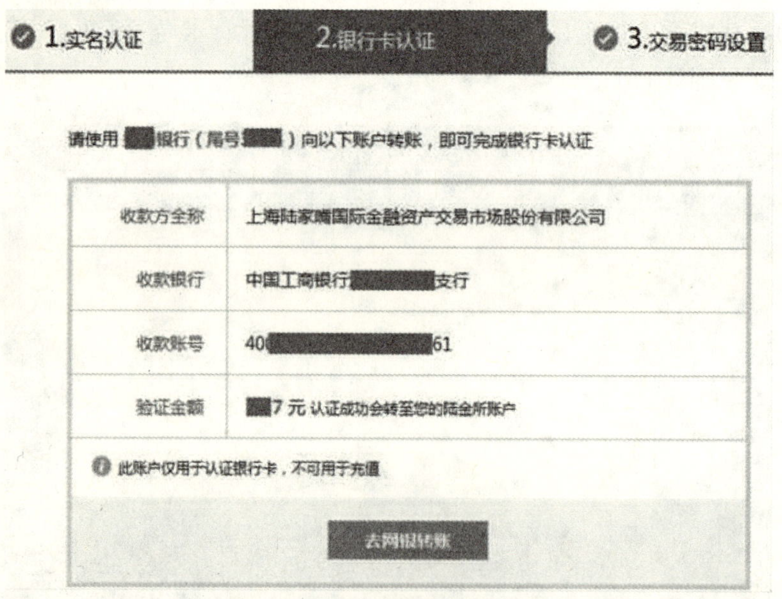

图 5-13　去网银转账

(5)如已完成转账,请点击“下一步”;

(6)银行卡认证申请提交,等待审核,认证成功后验证金额会转至用户的陆金所账户;

(7)如果所有流程都无误,银行卡认证成功,预计 5 分钟后,再刷新当前页面,会出现"银行卡认证已成功"的提示页面。

(三)账户充值

(1)进入陆金所网站首页:www. lu. com,点击"登录"按钮,进入登录页面后,输入用户名、密码、验证码,点击"登录",页面跳转到"账户总览",点击"充值"(见图 5-14);

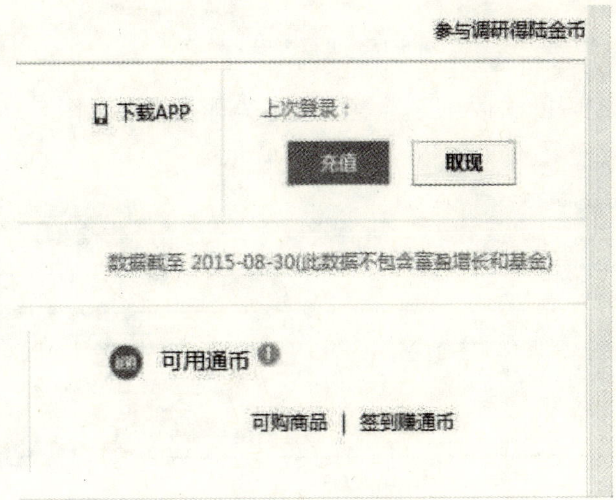

图 5-14 账户充值

(2)输入充值金额、交易密码和手机动态码,并勾选"我已阅读并同意《充值代扣委托书通用版》",点击"下一步";

(3)充值申请提交成功后用户可以点击"查看我的账户"或"浏览更多投资项目"。

(四)投资操作

1. 投资稳盈 · 安 e 项目

(1)进入陆金所网站首页:www. lu. com,点击"登录",输入用户名、密码、验证码登录;

(2)选择"投资频道"→"稳盈 · 安 e"(见图 5-15);

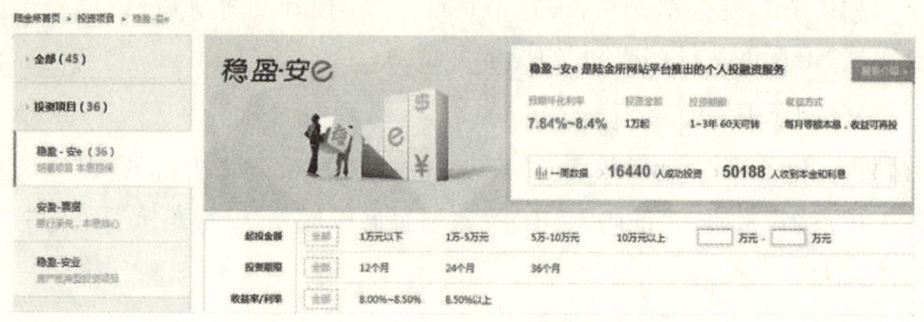

图 5-15　稳盈·安 e 频道

(3)选择投资项目,输入投资金额,点击“立即投资”(见图 5-16);

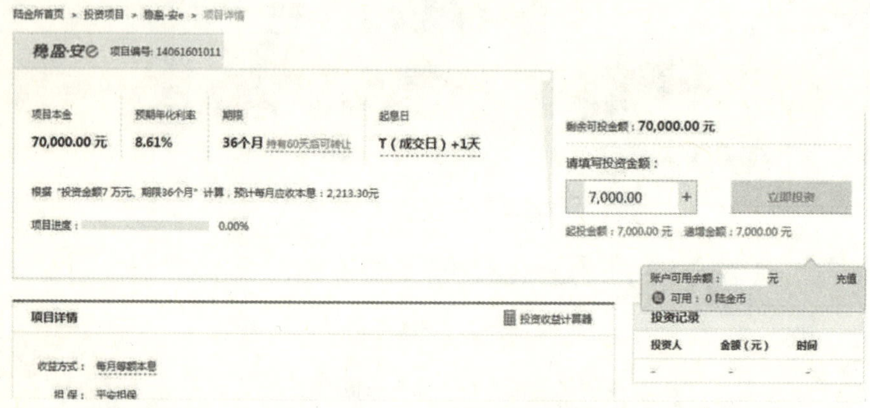

图 5-16　选择投资项目

(4)在“1.确认信息”页面,核对“项目名称”“投资金额”等信息,点击“下一步”(见图 5-17);

项目信息

项目名称/编号：稳盈-安e 16042924129	担保公司：平安普惠融资担保有限公司
出借人：黄** (**************5126)	借款人：王** (**************4019)
获取收益方式：每月等额本息	起息日：T（成交日）+1天
期数：36个月	预期年化利率：8.40%
项目安全等级：★★★★★	

下一步

图 5-17　确认信息

(5)在“2.确认合同”页面,阅读《“稳盈-安 e”风险揭示书》《个人借款及担保

协议》《催收授权委托书》,若同意上述协议,点击“同意并继续”(见图 5-18);

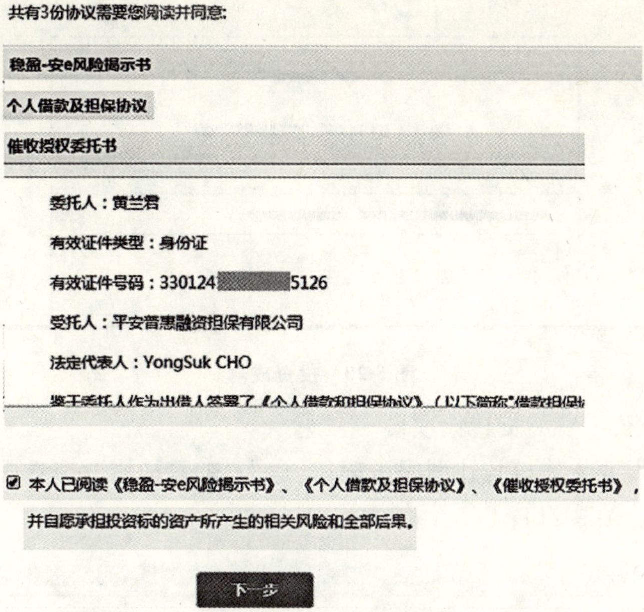

共有3份协议需要您阅读并同意:

稳盈-安e风险揭示书

个人借款及担保协议

催收授权委托书

委托人:黄兰君

有效证件类型:身份证

有效证件号码:330124 5126

受托人:平安普惠融资担保有限公司

法定代表人:YongSuk CHO

本人已阅读《稳盈-安e风险揭示书》、《个人借款及担保协议》、《催收授权委托书》,并自愿承担投资标的资产所产生的相关风险和全部后果。

下一步

图 5-18 确认合同

(6)在“3.安全验证”页面,输入交易密码和验证码,点击“确认”(见图 5-19);

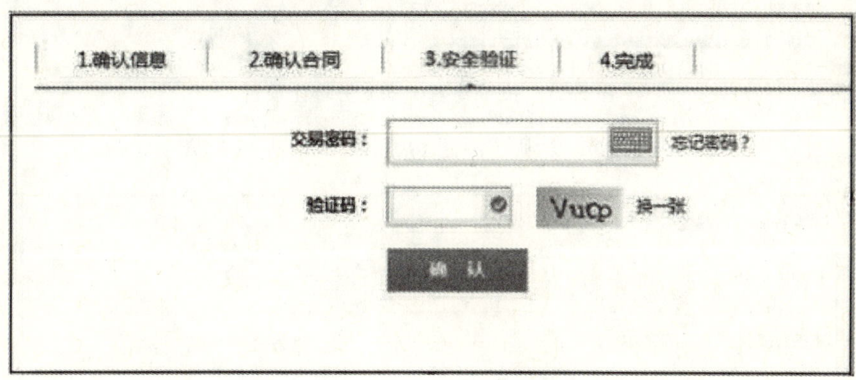

图 5-19 安全验证

(7)提示投资成功(见图 5-20)。

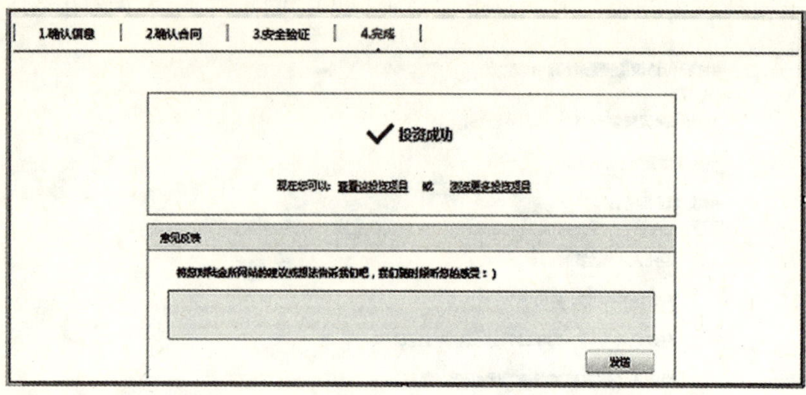

图 5-20　投资成功

2. 投资稳盈·安 e 贷转让项目

(1)选择需要的债权转让型服务项目,点击“查看详情”,查看服务介绍,点击“立即投资”(见图 5-21);

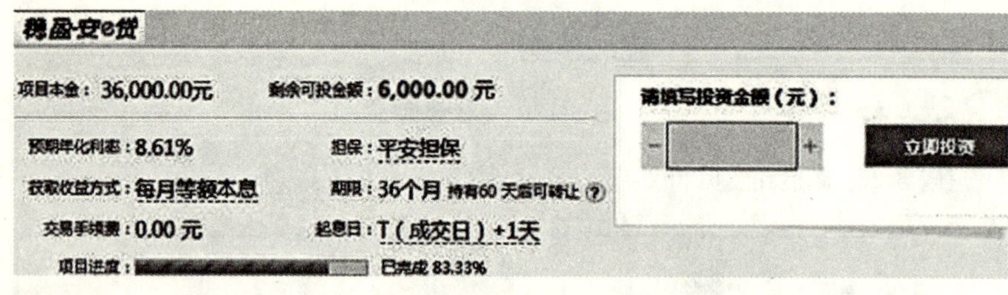

图 5-21　投资稳盈·安 e 贷转让项目

(2)核对项目名称、投资金额等信息,点击“下一步”(见图 5-22);

名称/编号：	稳盈-安e贷		
受让人：		出让人：	
取收益方式：	每月等额本息	生效日 注1：	
期数 注2：	9个月	担保公司：	平安融资担保（天津
年化利率：	11.62%	投资金额 注3：	189.76元

下一步

图 5-22 核对信息

(3)阅读《个人借款债权转让风险提示》《个人借款债权转让协议》及《催收授

权委托书》，同意上述协议，点击“同意并继续”；

(4)输入交易密码和验证码，点击“确认”；

(5)提示投资成功。

3. 稳盈·安 e 债权转让操作

(1)如符合“稳盈·安 e”债权转让的条件及申请规则，登录陆金所网站后，在“我的投资”→“投资项目”页面选择需要转让的项目，点击“申请转让”按钮(见图 5-23)；

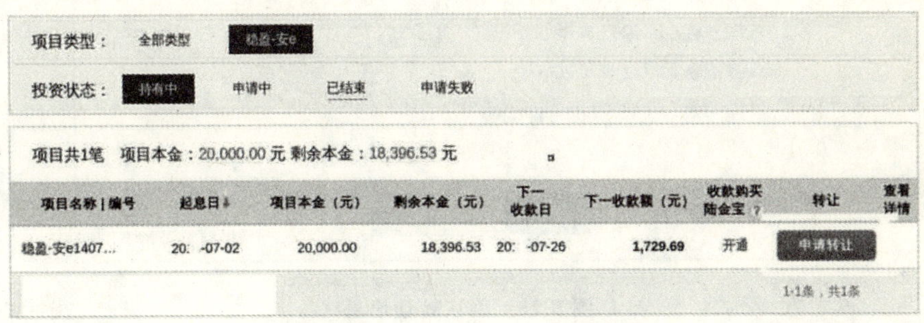

图 5-23 稳盈·安 e 债权转让操作

(2)确认转让相关信息后，点击“下一步”(见图 5-24)；

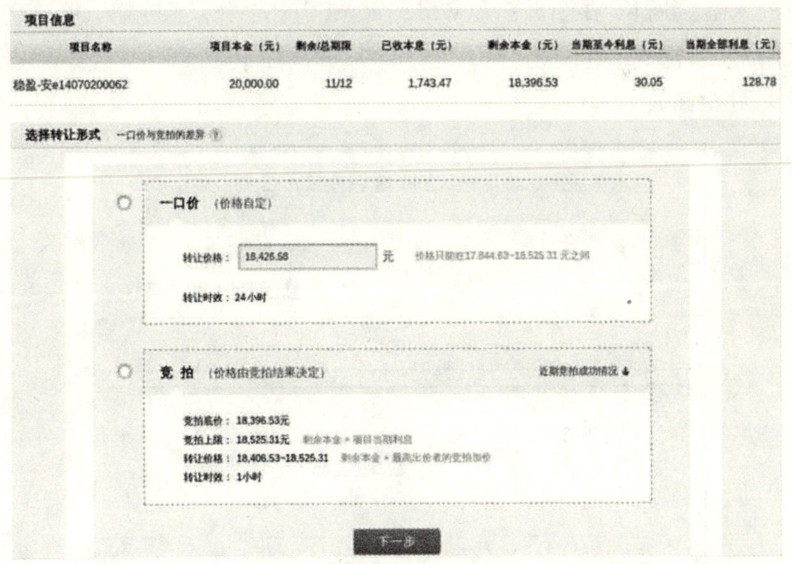

图 5-24 确认转让相关信息

(3)若选择“一口价”转让，确认转让信息，点击“确认”；

(4)阅读《个人借款债权转让风险提示》《个人借款债权转让申请规则》及《个

人借款债权转让协议》,同意上述协议,点击“同意并继续”;

(5)输入“交易密码”和“手机动态码”,点击“确定”;

(6)转让申请提交成功;

(7)若选择“竞拍”转让,点击“确认”(见图 5-25);

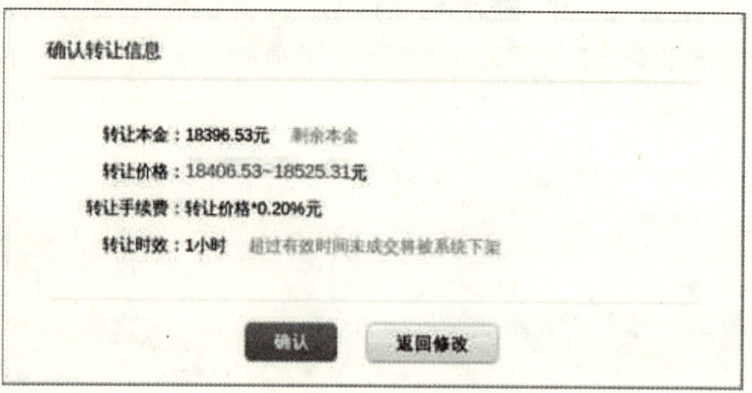

图 5-25 确认转让信息

(8)在确认合同和输入“交易密码”和“手机动态码”后,转让申请提交成功。

(五)资金取现

(1)进入陆金所网站首页:www. lu. com,点击“登录”按钮,进入登录页面后,输入用户名、密码、验证码,点击“登录”,页面跳转到“账户总览”,点击右侧“取现”(见图 5-26);

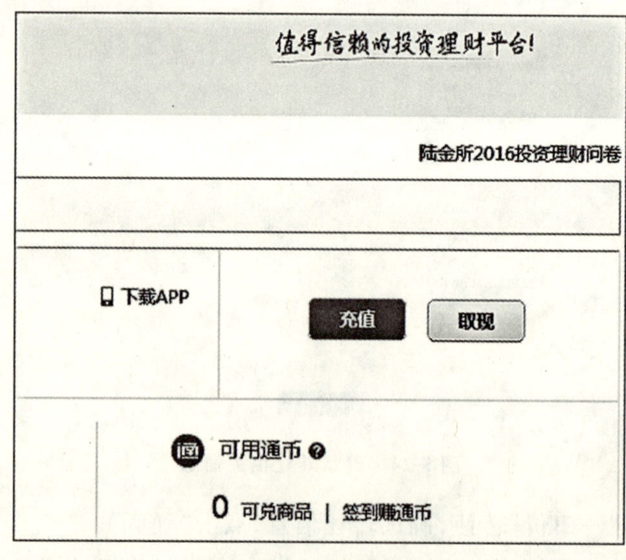

图 5-26 账户取现

(2)输入取现金额,点击“下一步”;

(3)输入交易密码和手机动态码,点击“下一步”;

(4)取现申请提交成功。

(六)网上借款

1. 借款人注册

(1)进入陆金所网站首页:www.lu.com,点击首页右上方“免费注册”,进入注册页面(见图 5-27);

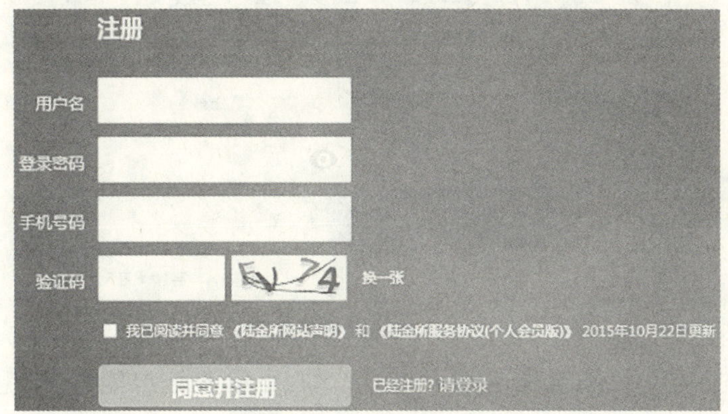

图 5-27　注册页面

(2)进入注册页面,点击并查看《陆金所服务协议(个人会员版)》;

(3)如果同意协议,填写用户名、登录密码、手机号码,点击“免费获取”,输入手机动态码,勾选“我已阅读并同意《陆金所服务协议(个人会员版)》”,点击“同意并注册”;

(4)提示注册成功。

2. 借款申请

(1)登录陆金所网站:www.lu.com,点击“借款频道”(见图 5-28);

图 5-28 借款频道

(2)在“在线预约借款”中填写基本资料,点击“立即预约”(见图 5-29);

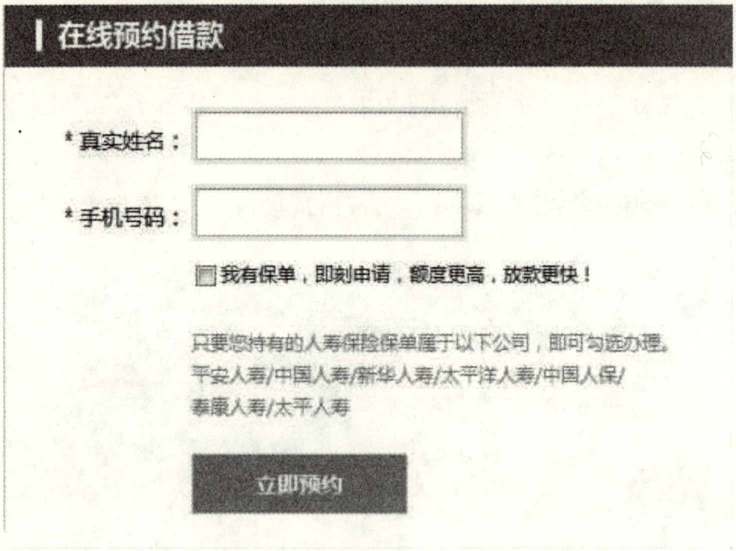

在线预约借款

* 真实姓名:

* 手机号码:

我有保单,即刻申请,额度更高,放款更快!

只要您持有的人寿保险保单属于以下公司,即可勾选办理。
平安人寿/中国人寿/新华人寿/太平洋人寿/中国人保/
泰康人寿/太平人寿

立即预约

图 5-29　在线预约借款页面

(3)预约后弹出“陆金所客服会在 1 个工作日内与您联系”信息,点击“确认”,完成借款申请。

第三节　P2P 网络借贷平台投资误区

网贷平台为借贷双方提供了方便、快捷、灵活、在线的投融资服务,并以门槛低、收益高吸引了大量用户。作为希望尝试和体验网贷投资理财的用户,在筛选网贷平台时该关注哪些方面,又该跳出哪些误区呢?我们结合菜苗网部分案例进行说明。

一、网贷平台没有传统理财方式安全

由于部分无良线上 P2P 平台的“跑路”,加上很多用户对网贷认识不足,导致整个网贷行业经常被媒体妖魔化,也给了很多线下理财人员抹黑网贷平台的机会。当客户遇到从事银行理财、信托、基金、私募、贵金属等业务的理财销售人员后,如果客户提到关注和投资了网贷,他们马上会告诉你网贷平台是如何的不安全,甚至已经准备好了 P2P 跑路名单给客户看,以便说明网贷是多么不靠谱。

最滑稽的是做线下 P2P 的也跟着挤兑线上网贷平台，误导客户。

事实上，传统理财中也会产生危机。从 2013 年中诚信托 30 亿兑付危机、吉林信托松花江 77 号兑付危机，到 2014 年的中欧温顿基金、隆尊资产管理有限责任公司的跑路，诺亚财富销售的"万家共赢专项计划"也出现了数亿资金被挪用的情况，以及很多私募基金和部分银行理财的违约，充分说明了传统线下理财照样存在着严重的风险隐患。和网贷相比，传统理财中存在着信息不透明、项目或产品运营进度无法及时跟踪、兑付情况无法及时了解等诸多问题。

所以，风险的发生不取决于线上还是线下模式，而在于我们选择了什么样的机构和何种产品。作为理财行业从业人员更应该有良好的职业道德，对各种理财形式既不去夸大风险，也不去掩盖风险，不抹黑竞争对手，客观介绍并把选择权交给用户，这样才会赢得客户的信任。

二、有抵押的平台就是安全的

很多投资者认为只要项目有抵押就是安全的，其实不然，这有几方面的问题。

(一)抵押率

我们从一个小故事说起，2014 年在湖南信托的一个项目中，其尽调报告显示抵押物估值为 14 亿，但后来受到投资者质疑后，其发布公告将抵押物估值变更为 5 亿，从这里我们可以看到抵押的评估是存在猫腻和严重问题的。抵押物种类繁多，价格波动频繁，很多 P2P 平台自身无法对抵押物精准估值，而合作的第三方评估机构又良莠不齐，无法及时发现抵押物瑕疵，导致最后抵押物估值存在严重出入，一旦借款方违约，抵押物变现能力有限的时候，投资人就会遭遇严重损失。

(二)抵押物的处置问题

首先，抵押物的处置变现往往要经过漫长的周期，这期间涉及很多法律及其他手续及流程。其次，部分抵押物处置难度大，比如非住宅类的抵押物，像办公楼、厂房、商场等大宗抵押物、贵金属等，还有如果抵押物是借款方唯一住宅且家有老人、借款方遭遇离婚及家庭变故等都会加大抵押物处置的复杂度。最后，抵押物严重贬值或者无法变现。

(三)重复抵押

网贷平台红岭创投曾曝出了 1 亿元的坏账，其背后的借款企业将货物重复抵押给了红岭创投和多家银行,目前借款企业跑路,而抵押物的处置将是一个漫长不可控的过程。甚至还有网贷平台上出现过多个项目均是同一抵押物的情况,比如之前倒闭的深圳钱海创投。

(四)房产抵押相对安全

房产抵押一是估值较容易评估,二是有国家产权调查中心登记备案,三是变现能力强,法律关系明晰。这三点决定了房产抵押比其他抵押安全靠谱。唯一需要注意的是房产抵押手续是否齐全、专业。相对来说,未来专业化的公司更有生存空间。

三、有担保的平台就是安全的

如果投资者遇到哪个平台号称自己直接提供本息担保保障、本金保障等,那么一定需要谨慎对待,最好远离之,因为这是有违央行和银监会关于平台自身不能提供担保的规定。一家无视政府规定的平台,也可能无视和抛弃用户的要求的。

目前唯一可行和较好的办法就是网贷平台引入第三方融资性担保公司,一定要认清担保公司有融资性担保和非融资性担保之分;非融资性的担保公司为P2P提供担保是一定有风险且违规的。关于这方面的情况可以参考2013年银监会、发展改革委等八部委联合发布的《关于清理规范非融资性担保公司的通知》。

接下来说说融资性担保公司,融资性担保公司也有民营和国有之分。大多数民营担保公司实力弱,风控能力差,且很多民营担保公司从注册完成之后就抽走了注册资本金,再加上过度担保,一旦出了风险连注册资本金都没有,根本起不了担保的作用,所以就只能跑路了。比如四川汇通信用融资担保有限公司跑路,爱投资、银客网等平台受到牵连和影响,再比如洛阳大量的民间融资性担保公司陷入危机。

关于民营担保公司还有一个严重的风险点,那就是关联担保模式。比如担保公司和P2P平台的实际控制人为同一人,那么担保公司和P2P平台几乎是一家的,一旦担保公司出现危机或者跑路,担保函就彻底沦为废纸一张,所以投资人在投资之前,务必对P2P公司和担保公司是否为关联公司进行了解,避免遇到自融自保的情况。还有一种既坑平台又坑投资人的现象,就是民营担保公司和借款方联合骗贷,爱融网及爱钱帮两大平台就遭遇天津一家担保公司为空壳企业提供项目担保,到约定时间无法按照担保函提供代偿服务的情况。为了防止民营担保公司要流氓而踩雷，投资人最好避而远之。

四、互联网大佬做的平台靠谱

传统互联网大佬们不甘寂寞，为了找到新的增长点，纷纷布局互联网金融，但情况并不十分理想，新浪、搜狐的互联网金融平台接连遭遇了跑路、破产事件。2014 年新浪微财富和中汇在线合作推出“汇盈宝”和“PP 猫外贸贷”两款产品，最后中汇在线跑路，导致投资者集体找新浪微财富“讨债”维权。搜狐“搜易贷”也不幸中雷，遭遇佳兆业“违约门”，最后不得不发出兜底声明。这两起事件的硬伤都在风控上，而这些互联网大佬凭着自己体量大，什么瓷器活都敢揽，最后引火烧身了。作为 P2P 投资者，不能盲目盯着各种“有爹”的平台，要看平台团队有没有丰富的金融经验、平台项目是否优质、平台风控措施是否到位且足够强。

五、国资背景平台风险小

无论是国资还是民资，作为 P2P 网贷平台有着浓厚的互联网色彩，最终大家要比拼技术能力、运营能力、产品设计和改进能力、用户体验、执行力、平台的风控能力等，这些层面国资并不具有优势。很多人觉得国资进入平台可能有国资背景，其实不然，按照监管要求，平台自身不能提供担保，国资带来的安全何在？如果国资可以兜底和刚性兑付，那不是打了监管层的嘴巴吗？而且在互联网及移动互联网领域，有国资背景的企业最终无一例外是三流、四流玩家，预计在未来几年一些国资平台都会关闭。

六、平台成交量越大越好

很多平台喜欢强调自己的交易量如何大，深究下去其实里面水分很大。很多平台有一些惯用的伎俩就是频发虚假标，比如“秒标”“天标”来增加交易频率提升成交量。还有一些进行期限拆标，比如平台发了 1000 万为期一年的借款项目，本来这一年的交易量只能增加 1000 万，但平台把它拆为 12 期的月标，这样循环 12 次之后交易量就相当于增加了 1.2 亿。也有不少平台把债权转让额度计算在平台成交量中，这些都是为了造成虚假繁荣的现象。投资用户更应该关注 P2P 网贷平台的借款余额是否能按时还款付息等，而不应该被交易量所迷惑。

七、引入 FICO 评级的平台就是安全的

FICO 评分系统是美国用于个人消费信贷评分的一套统计和计算模型，国内

部分 P2P 平台引入了 FICO 评级并大肆渲染和鼓吹。引入 FICO 重在哗众取宠，目前采用 FICO 的一些平台仍然引入了第三方机构为借款项目提供担保，说明这些平台也无法完全信任和认可 FICO 评分模型。美国信用体系较为完善，信用数据样本丰富且更新及时，而国内在这些方面均有差距，FICO 模型中的许多参数缺失，数据真实性也难以得到保障，在这种情况下，很可能模型跑出的结果还不如拍拍贷拿星座、血型、粉丝数等分析得精准。FICO 的定位是针对个人用户的信用评分，但对于纯粹的企业借贷、以企业成员名义申请的企业生产、经营贷，FICO 也毫无施展空间。某些平台的债权来自小贷公司，却打着 FICO 的旗号骗取投资人的信任。因此目前国内网贷平台号称使用 FICO 评分重在忽悠，甚至是自欺欺人，对于这样的平台投资者更应该谨慎对待，免得做了小白和冤大头。

第四节　P2P 网络借贷平台骗局防范

本节参考懒财主网站部分案例，盘点一下跑路平台的一些共性，以供投资者投资参考。

一、秒标

“秒标”是 P2P 网贷平台为招揽人气发放的高收益、超短期限的借款标的，通常是网站虚构一笔借款，由投资者竞标并打款，网站在满标后很快就连本带息还款。网络上由此聚集了一批专门投资秒标的投资者，号称“秒客”。某些 P2P 网贷平台的“秒标”可能就是庞氏骗局，给投资者以诱饵，利用新投资者的钱向老投资者支付利息和短期回报，制造赚钱的假象，进而骗取更多投资。

二、自融嫌疑的平台(P2P 平台红线)

近两年，因 P2P 线上平台的日渐火爆，不少人打起了 P2P 网贷平台的如意算盘——既然从银行借不到钱，从线下小贷公司借钱成本又高，就自己运营一家 P2P 网贷平台，只要支付理财人 10%多一点儿的费用即可。理财用户必须明白从我们这里借走的“东墙”，是拿去补左边的“西墙”，如果没有后续的“南墙”“北墙”跟上，那你的“东墙”，就只能是一个“大漏洞”了。

三、真假标的

即使平台没有资金池并使用了第三方托管，依然可能造假。造假方式是发布假标，一般平台在跑路前或者坏账高企时，会自己发布大量假标自创自融。判断真假标的的方式是看信息披露程度和造假成本。比如有些标的直接写上“企业扩大经营借款 20 万”，少有更详细的信息披露，这就是造假成本太低造成的。对个人贷款，做一个假身份证不难，但身份由公安系统认证，要提供与身份证相关的银行记录、与该银行卡相关的网络消费就不易。对企业来说也一样，提供虚假的财务报表很容易，但如果能同时披露与财务报表匹配的税务单、采购购销的合同、银行流水、供电所、税务局等上下游材料就很难。

如今正规的 P2P 网贷平台，除了公开披露尽可能详细但不触及隐私的信息，同时也在尝试建立线下观察团，投资人可在开放日来查询平台上标的的真实材料。如果一个 P2P 平台不建资金池，有第三方托管，且提供方法让消费者可以透明审查是否有真假标的，这样要造假就很难了。

四、短期项目过多的平台

2013 年 8 月，世界上第一家 P2P 网贷平台 Zopa(英国)对外宣布，将停止接收一年期贷款申请。对投资人来说，这不是好消息；对借款人来说，一年期的贷款也不受欢迎。在美国，Lending Club 和 Prosper 的贷款主流产品期限也是 3 至 5 年。这个道理很好理解，比如我们买车买房，聪明的我们一定选择分期，而且期限越长越好。对于那些频频出现超短期融资项目的 P2P 网贷平台，可以负责任地告诉大家，这不正常，投资人要特别谨慎了，能不碰坚决不碰。

五、单个项目融资金额巨大的平台

对于运营困难、提现困难和赤裸裸地诈骗的平台，共同特点是单个项目融资过多。大家可以想象什么样的企业，融资巨大，而不走或走不了银行渠道，更应该想象下一个小 P2P 网贷平台，把所有的“身家”都压在一家企业、一个人身上，万一出现逾期或坏账，平台是否有兜底的实力？投资者的资金安全是否能够保证？警示大家要注意这种情况的发生！

六、非专业运营团队

P2P 线上网贷作为互联网金融的重要分支，其根本还是“金融”，互联网是实现“金融”的手段。但是很多人，见现下 P2P 平台监管缺失，不管自己是否有相关经验、能力，奔着先把钱圈了再说的态度，是非常危险且对投资者十分不负责任的。像“众贷网”原 CEO 卢儒化在事后接受媒体采访时说：“网贷这个行业从来没有接触过，有朋友介绍说这个行业很赚钱，所以就建起了一个平台。”最后是上线刚满一个月就宣布破产了。

七、平台年化收益率超过 25%

一般正规民间小贷公司融资成本在两分左右，如果平台给投资人年化收益超过了 25%，而且还有一大笔“投标奖”。那投资者就要想想，借款人拿到这笔钱的借款利率是多少。另外对于参与 P2P 平台小额贷款的企业或个人要么等不起银行的贷款，要么就是被银行拒绝的，这样的企业或者个人本身就有一定困难，还给出这么高的利息，作为投资者就需要好好想想本息是否可以如期回笼？在投资时选择高收益是每个人的追求，而在追求高收益的同时保障资金安全才是根本！

八、刚上线的平台

纵观已经“结束”的平台，基本运营时间都未超过半年，其中“冠军”非“福翔创投”莫属——仅三天。这些平台中，有运营不善倒闭的，有创建伊始就为圈钱倒闭的，更有甚者就是诈骗的。只有时间才是检验运营商运营“短命”P2P 平台是何种心思！

综上所述，投资需谨慎，尤其是在互联网金融平台快速发展的今天，鱼龙混杂！这就更需我们这些投资者擦亮眼睛，谨防上当受骗！

第六章　互联网综合理财平台

本节以京东金融和PPmoney理财平台为例，介绍互联网综合理财平台的常见操作。京东金融是电脑互联网综合理财平台的代表，PPmoney理财平台是移动互联网理财平台的代表。

在此说明，本章内容主要参考了京东金融和PPmoney理财平台的官网介绍，内容仅作演示之用，不意味着任何推荐或操作建议。

第一节　京东金融

（一）会员注册

（1）登录京东金融主页：http://jr.jd.com，点击页面上方“免费注册”（见图6-1）；

图 6-1　京东金融主页

(2)在注册页面中,按提示输入用户名、密码等信息进行注册(见图 6-2)。

图 6-2　注册页面

(二)京东小金库

京东小金库是京东金融集团为个人用户打造的个人资产增值服务平台，把资金转入京东小金库即为向基金公司购买货币基金等理财产品。用户存在京东小金库内的资金不仅可以获得稳健的收益，还可随时用于在京东金融购买理财产品诸如票据、基金等，此外资金可随时提取转出，方便灵活且不收取任何手续费，真正实现花钱、赚钱两不误。

1. 资金转入京东小金库

(1)登录京东金融主页：http://jr.jd.com，点击“我的京东金融”→“我的资产”→“京东小金库”(见图 6-3)；

图 6-3　京东金融页面

(2)进入“京东小金库”页面，点击“转入”按钮(见图 6-4)；

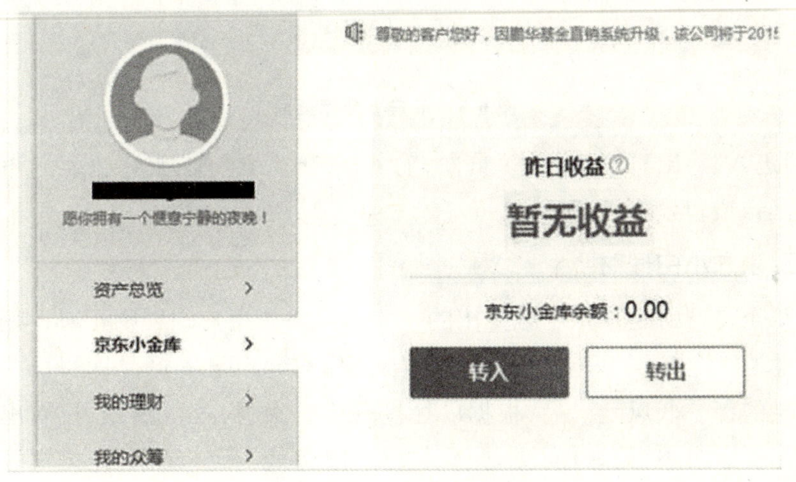

图 6-4　京东小金库页面

(3)进入“转入京东小金库”页面,输入转入的金额,进入“网银钱包收银台”页面;

(4)选择使用网银钱包或其他支付方式,将资金转入京东小金库,即完成转入流程,资金成功转入京东小金库。

2. 资金转出京东小金库

京东小金库内的资金可通过以下两种方式转出:一是将京东小金库内的资金提现至银行卡,二是将京东小金库内的资金转出至网银钱包,网银钱包内的资金可转出至银行卡。

(1)登录京东金融主页:http://jr.jd.com,点击“我的京东金融”→“京东小金库”;

(2)进入“京东小金库”页面,点击“转出”按钮(见图 6-5);

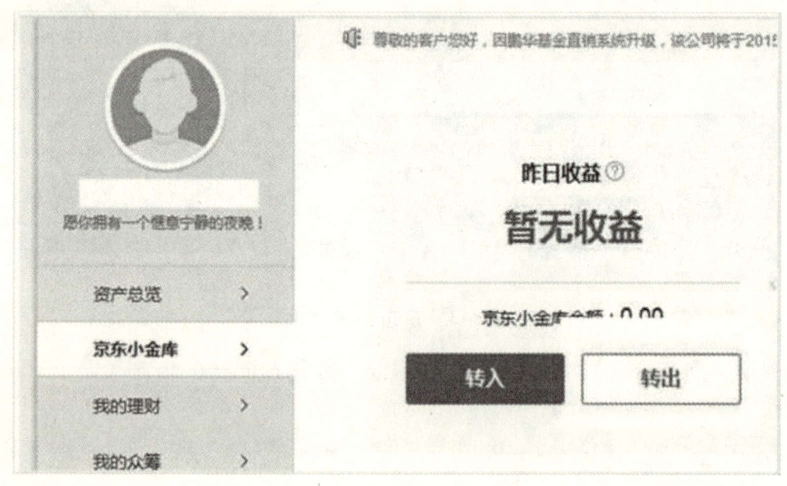

图 6-5　京东小金库页面

(3)进入“转出京东小金库”页面,输入“转出金额”及“支付密码”,可将资金转出至网银钱包余额。

(三)京东小白理财

京东小白理财是京东金融推出的一款面向小白用户的理财工具。用户无须掌握专业的理财知识,只需根据不同期限选择适合自己的产品即可。京东小白理财售卖的都是低风险产品,根据以往投资历史来看,收益稳定,没有出现过亏损的情况。京东小白理财的特点主要包括:门槛低,简单易用,无须掌握复杂的专业理财知识;收益远高于银行存款利息;活期随存随取,零手续费;定期灵活多选,收益稳健;不同期下多种选择,满足不同的投资需求。

京东小白理财的购买步骤如下：

(1)登录京东金融主页：http://jr. jd. com，进入“京东小白理财”(以“天天盈”为例)，点击“转入”(见图 6-6)；

图 6-6　京东小白理财页面

(2)进入确认订单页面，输入金额，点击“立即转入”(见图 6-7)；

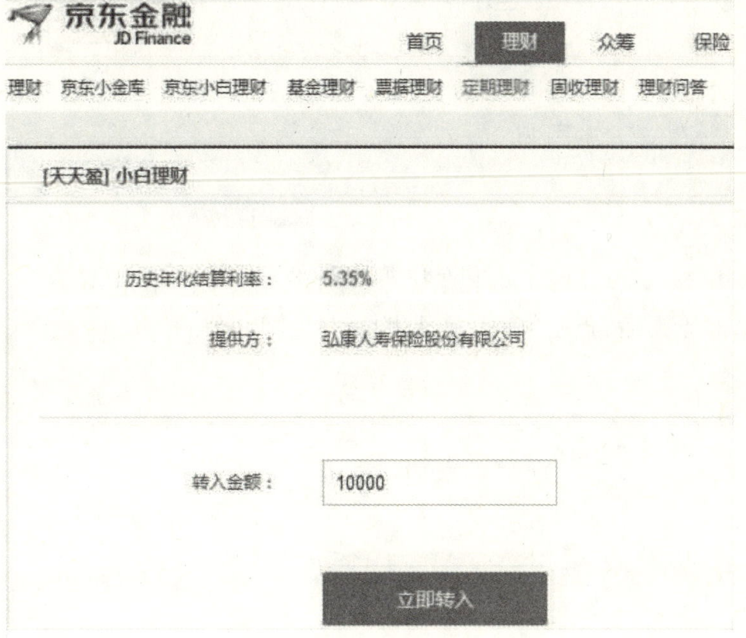

图 6-7　确认订单页面

(3)填写保单信息,点击“下一步”(见图 6-8);

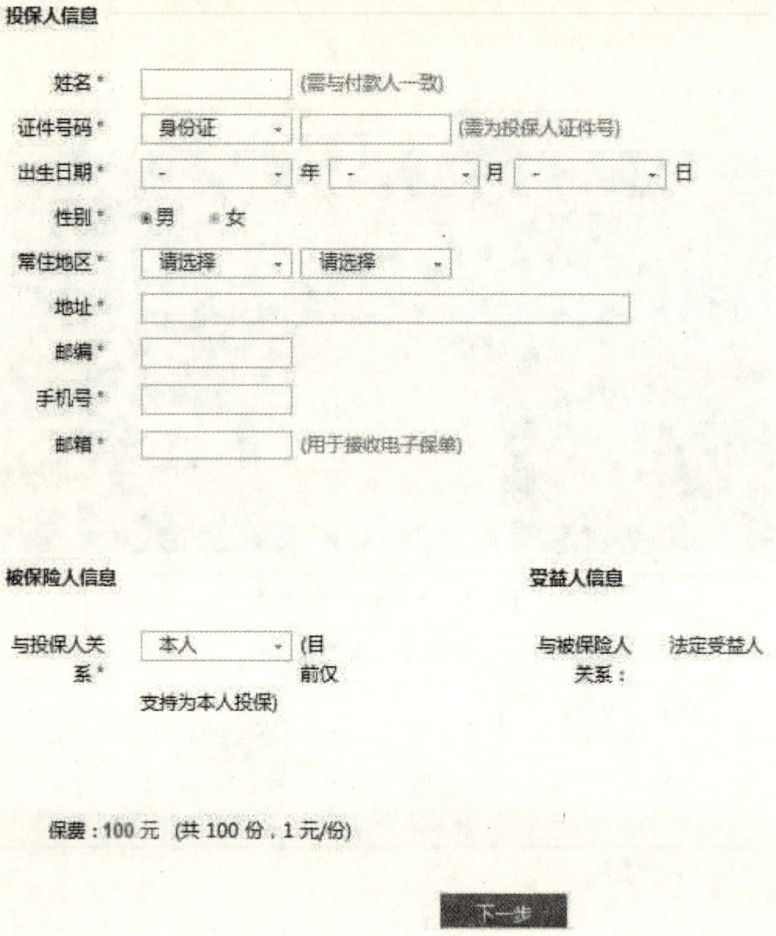

投保人信息

姓名 * (需与付款人一致)
证件号码 * 身份证 (需为投保人证件号)
出生日期 * - 年 - 月 - 日
性别 * 男 女
常住地区 * 请选择 请选择
地址 *
邮编 *
手机号 *
邮箱 * (用于接收电子保单)

被保险人信息

与投保人关系 * 本人 (目前仅支持为本人投保)

受益人信息

与被保险人关系: 法定受益人

保费:100 元 (共 100 份,1 元/份)

下一步

图 6-8 填写保单信息

(4)核对无误后,点击“确认无误,购买”(见图 6-9);

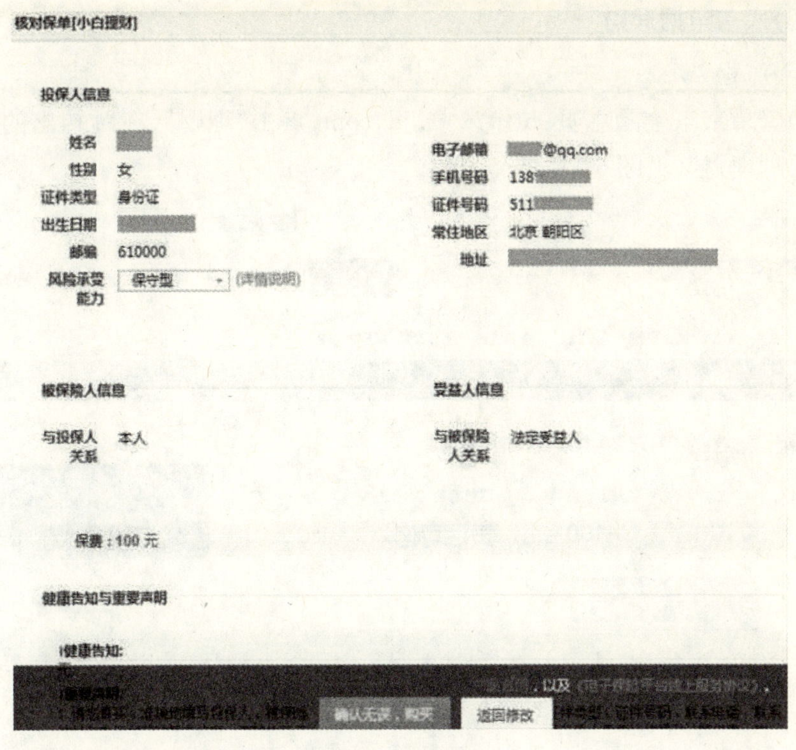

图 6-9　核对保单

(5)进入支付方式选择页面,按提示完成支付(见图 6-10)。

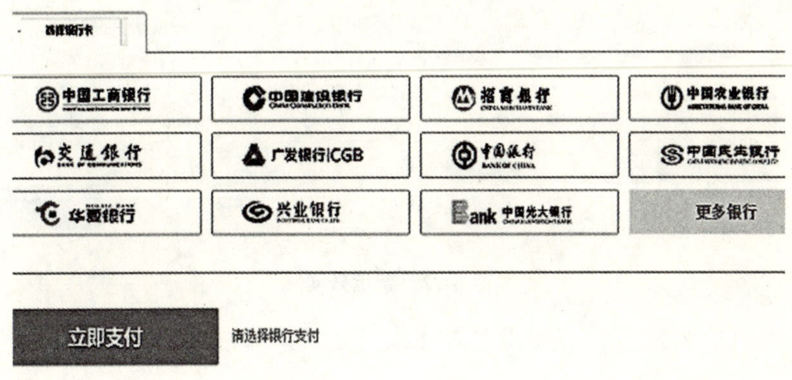

图 6-10　支付方式选择页面

(四)京东票据理财

购买流程

(1)登录京东金融主页:http://jr. jd. com,点击“理财”,在跳转出的页面中选择“票据理财”(见图 6-11);

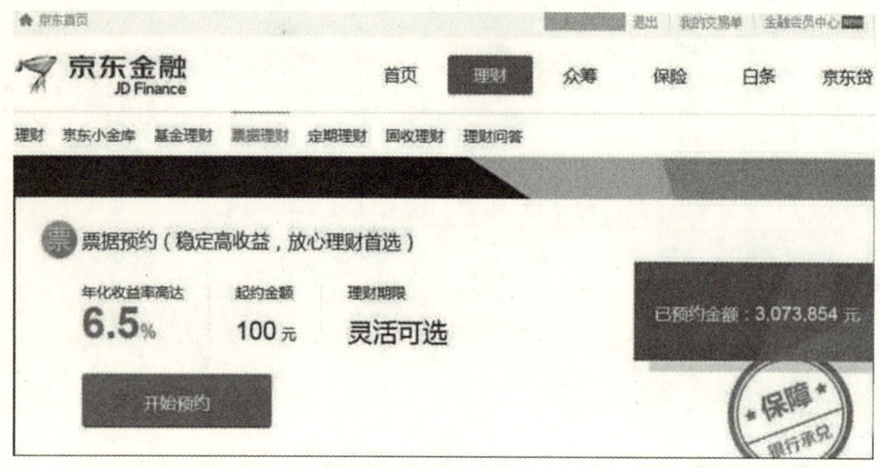

图 6-11　票据理财页面

(2)下拉进入“票据产品”列表页,选择需要购买的票据,点击“立即购买”(见图 6-12);

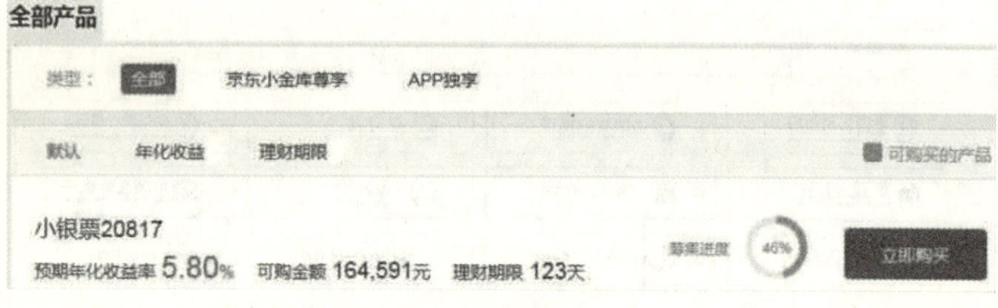

图 6-12　票据购买

(3)输入购买金额后,点击“立即付款”(见图 6-13);

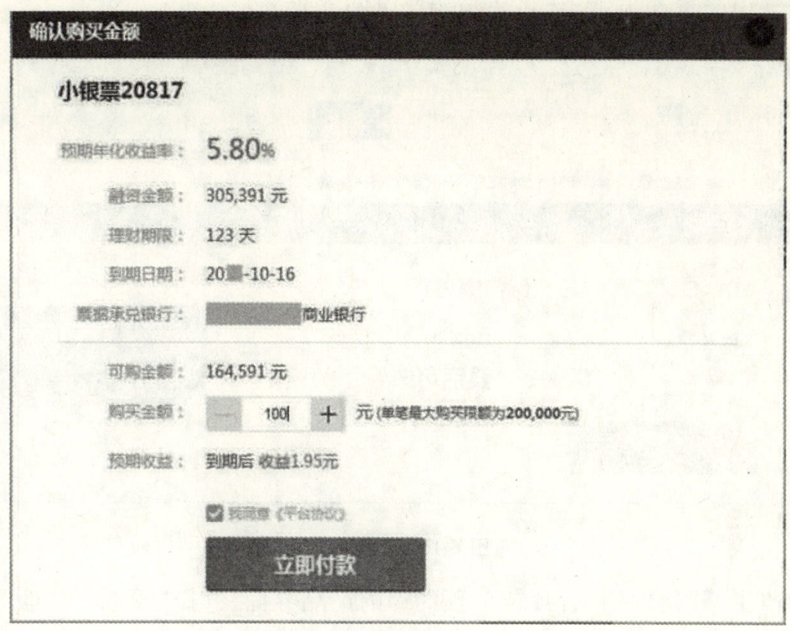

图 6-13 确认购买金额

(4)页面跳转至支付收银台,进行付款(见图 6-14);

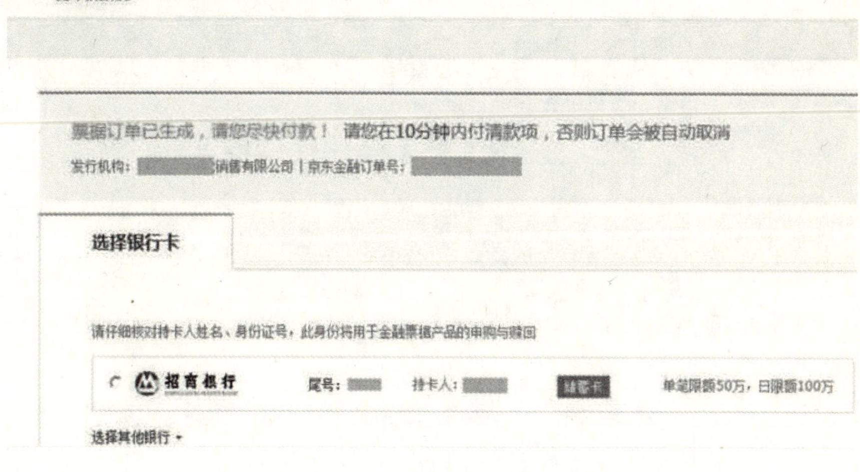

图 6-14 支付收银台

(5)付款完成,弹出“购买成功”提示页面。

(五)京东票据预约购买

(1)登录京东金融主页:http://jr.jd.com,点击“理财”,进入“票据理财”页

面,在跳转出的页面中点击“开始预约”(见图 6-15);

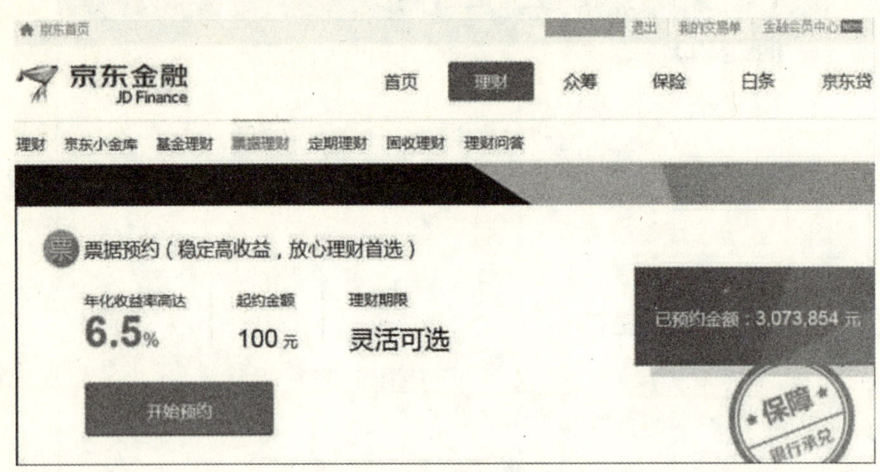

图 6-15 票据预约

(2)点击“开始预约”后跳转至预约理财产品界面,选择“预期年化收益率”和“理财期限”,输入“预约金额”和验证码,点击“立即预约”(见图 6-16);

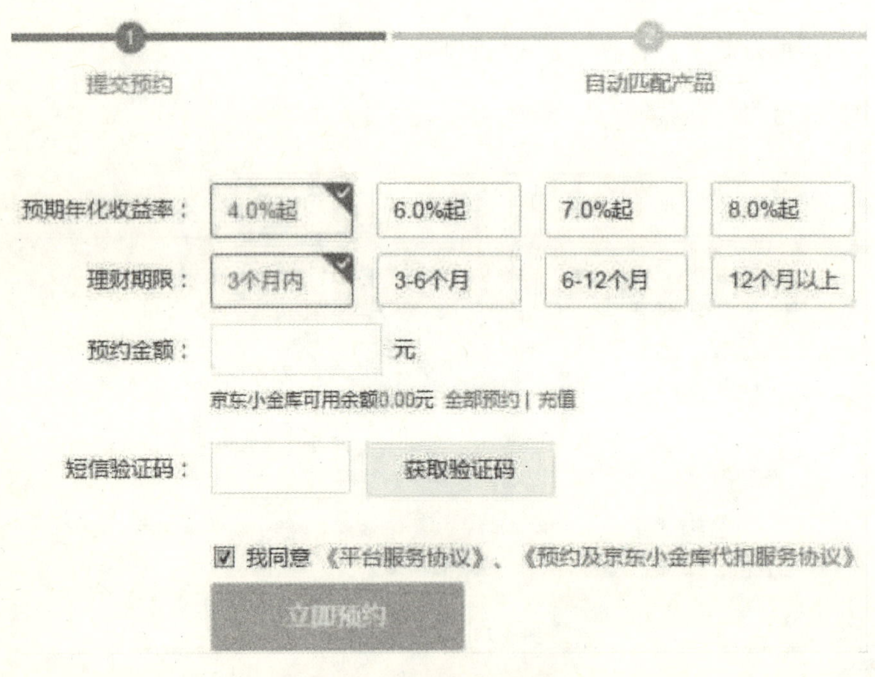

图 6-16 预约理财产品界面

(3)预约成功后,跳转出“预约成功”提示界面。

(六)京东小金库票据购买

(1)查看票据产品列表,选择需要购买的票据,点击"立即购买"(见图 6-17);

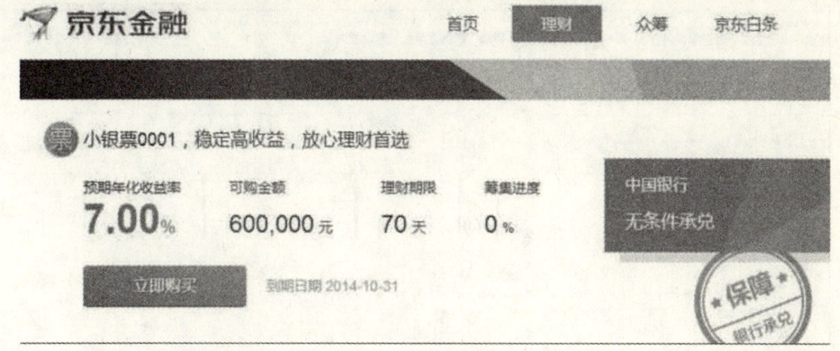

图 6-17 票据购买

(2)输入购买金额后,点击"立即付款"(见图 6-18);

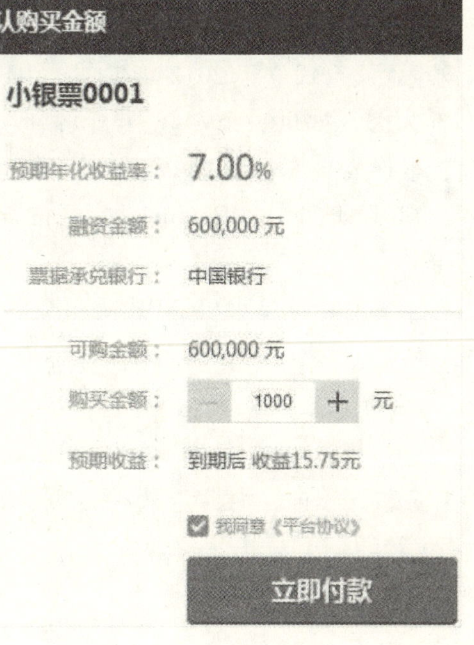

图 6-18 确认购买金额

(3)页面跳转到收银台页面,会看到京东小金库,京东小金库余额充足,获取手机验证码,输入后点击"确认支付";京东小金库余额不足,选择"立即充值"按钮,进行充值(见图 6-19);

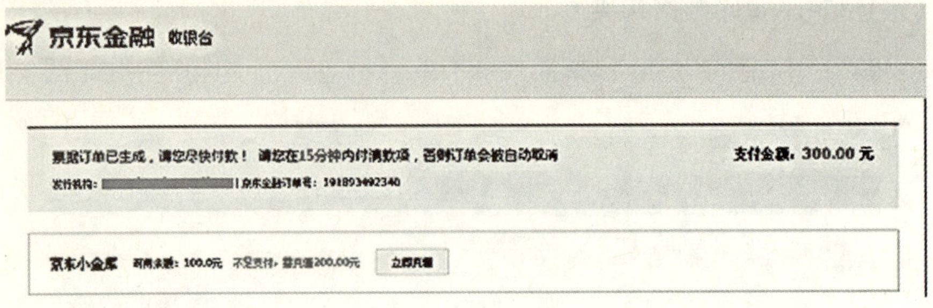

图 6-19 支付收银台

(4)付款成功，跳转出“购买成功”提示界面。

第二节 PPmoney 理财平台

PPmoney 互联网金融平台成立于 2012 年 12 月，由广州万惠投资管理有限公司负责运营，致力于为公众提供一个安全、专业、高收益的互联网金融平台。截至 2015 年 10 月底，累计成交额达到 242 亿元，注册用户突破 500 万人，为用户赚取收益 4 亿多元。2015 年 6 月，PPmoney 被《福布斯》杂志评为中国最具代表性的 50 家互联网金融企业之一。

PPmoney 理财平台突出特点是手机 APP 端和微信端的操作十分便捷，是移动互联网理财综合平台的代表。

(一)注册

1. 手机 APP 端(安卓版)

下载好后点击“我”→“进入账户”→“注册账户”，按照提示完成注册(见图 6-20、图 6-21)。

图 6-20 手机 APP 端账户注册

图 6-21 完成注册界面

2. 微信端

微信搜索“wanhuitourong”并关注，进入公众号。看到主界面后，点击右下角“注册”，按照提示完成注册（见图 6-22）。

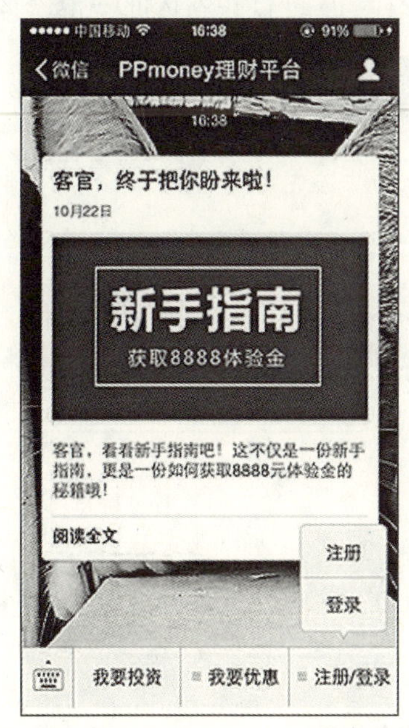

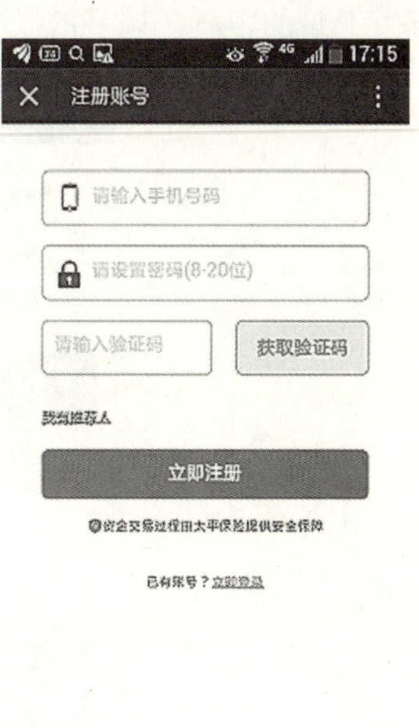

图 6-22 微信端账户注册

(二)实名认证

1.手机 APP 端

未实名认证的客户点击“我”→“设置与帮助”→“绑卡认证”进行实名认证(见图 6-23)。

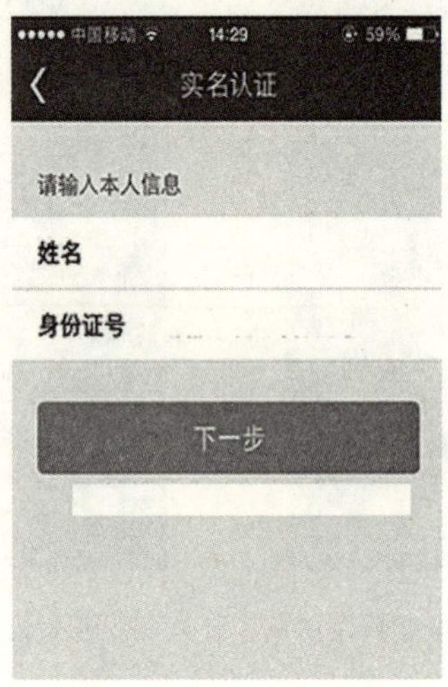

图 6-23　手机 APP 端实名认证

2.微信端

未实名认证的客户点击“我的账户”→“实名认证”进行实名认证(见图 6-24)。

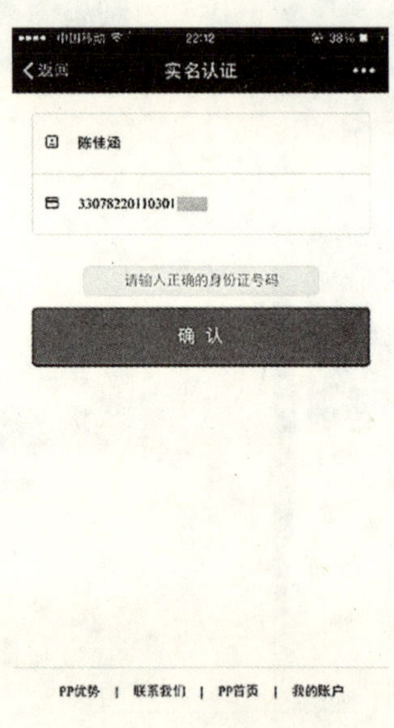

图 6-24　微信端实名认证

(三)资金充值

1. 手机 APP 端

只能使用绑定的银行卡充值,登录账户后点击“我”→“充值”,按照提示完成即可(见图 6-25)。

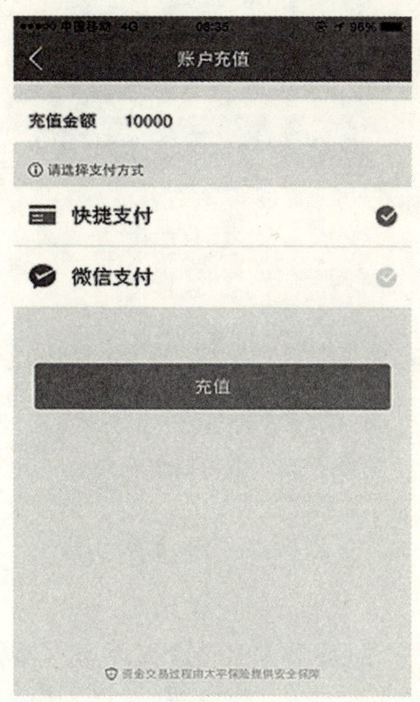

图 6-25 手机 APP 端资金充值

2. 微信端

只能使用绑定的银行卡充值,登录账户后点击充值,按照提示完成即可(见图 6-26)。

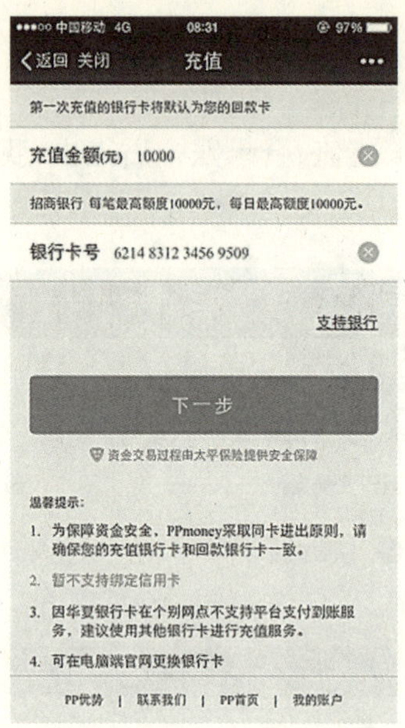

图 6-26 微信端资金充值

(四)资金投资

1. 手机 APP 端

(1)打开 PP 理财，进入登录页面后，输入手机号码、密码或手势密码，点击“登录”，页面跳转到“我的账户”，点击下方“产品”(见图 6-27)；

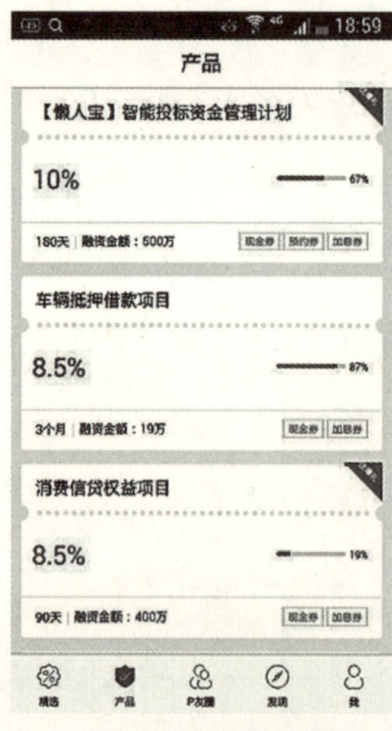

图 6-27 理财产品

(2)点击进入具体项目,输入投资金额,如用户拥有可使用的赠券,点击“优惠”处勾选上,点击“立即购买”(见图 6-28);

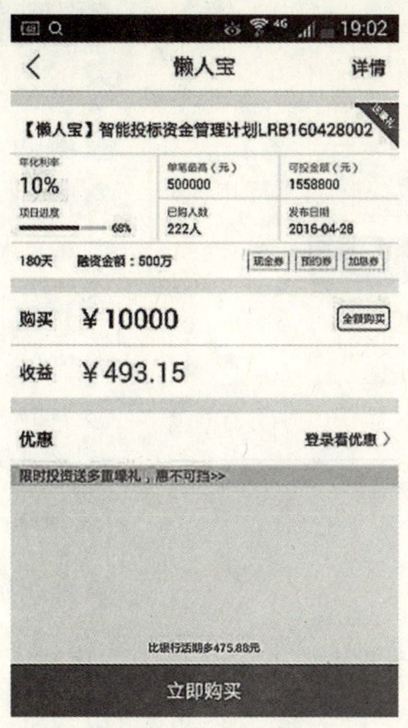

图 6-28 购买界面

(3)购买成功后,跳转出“购买成功”提示界面。

2. 微信端

(1)打开微信公众号“wanhuitourong”,进入登录页面后,输入手机号码、密码、获取验证码,点击“立即登录”,页面跳转到“我的账户”,点击“投资”按钮(见图 6-29、图 6-30);

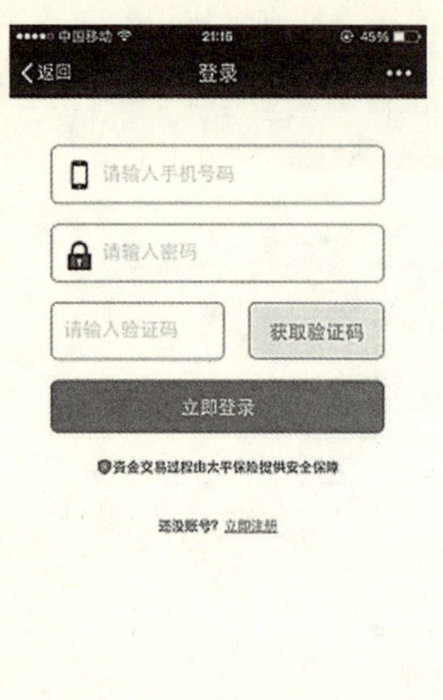

图 6-29　微信登录界面

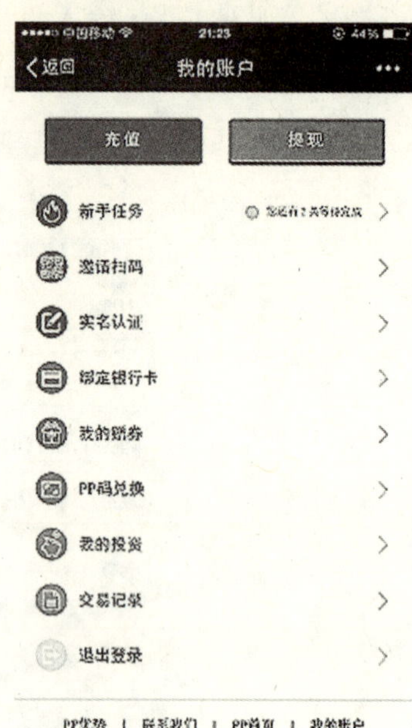

图 6-30　微信端投资界面

(2)点击进入具体项目,输入投资金额,如用户拥有可使用的赠券,在“使用赠券”处勾选上,再点击“立即投资”(见图 6-31);

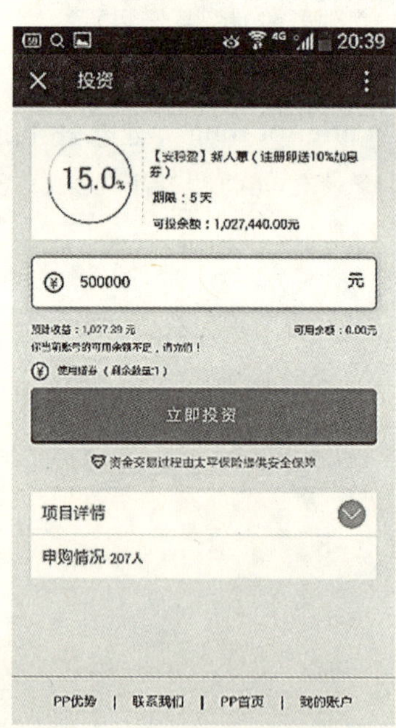

图 6-31　微信端投资界面

(3)投资成功后,跳转到"投资成功"提示界面。

(五)资金提现

1. 手机 APP 端

(1)打开 PP 理财,进入登录页面后,输入手机号码、密码或手势密码,点击"登录",页面跳转到"我的账户",点击"提现"(见图 6-32);

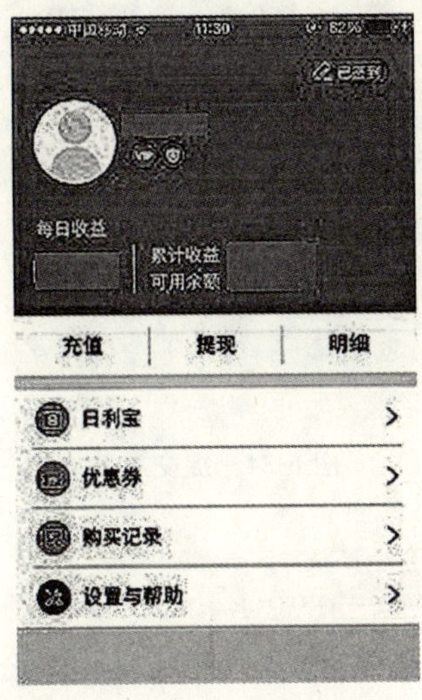

图6-32 手机 APP 端我的账户

(2)输入提现金额,点击"继续提现"(见图 6-33);

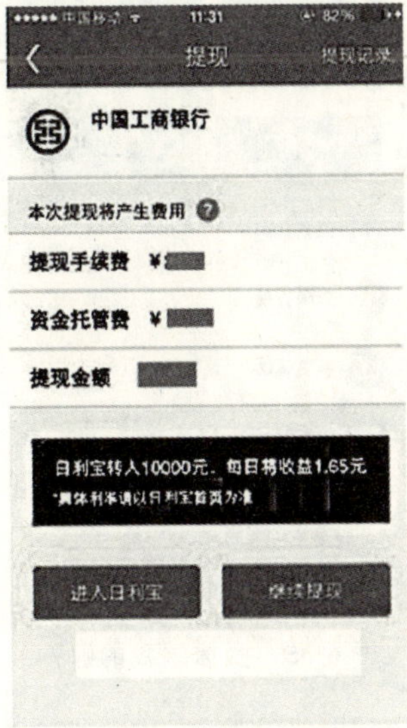

图 6-33 资金提现

(3)输入验证码、交易密码,点击“提交申请”即可完成提现(见图 6-34)。

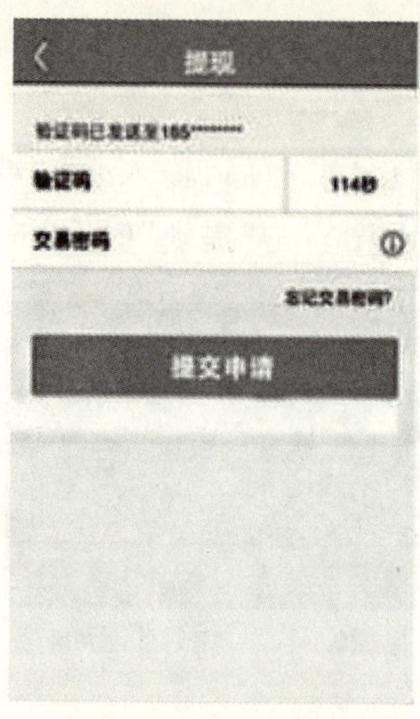

图 6-34　提交申请

2. 微信端

(1)打开微信公众号“wanhuitourong”,进入登录页面后,输入手机号码、密码、获取验证码,点击“登录”,页面跳转到“我的账户”,点击“申请提现”(见图 6-35);

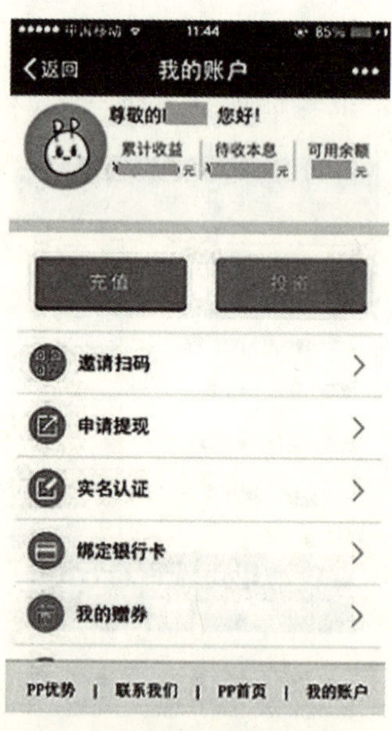

图 6-35　微信端我的账户

(2)输入提现金额、交易密码、获取验证码,点击“申请提现”(见图 6-36);

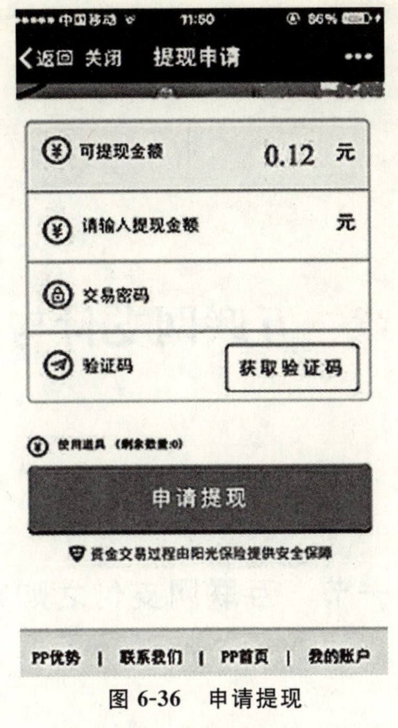

图 6-36 申请提现

(3)提现申请提交成功后即完成提现。

第七章　互联网支付与生活

第一节　互联网支付之购物

互联网购物，就是通过互联网检索商品信息，并通过电子订购单发出购物请求，利用网上支付完成付款，厂商通过邮寄的方式发货，或是通过快递公司送货上门。

本节以苏宁易购为例，介绍网上购物的操作流程。

（一）账户注册

目前个人用户可通过手机号码和邮箱两种方式进行注册。

(1)打开苏宁易购网站：www. suning. com，点击网页中上部"注册"(见图 7-1)；

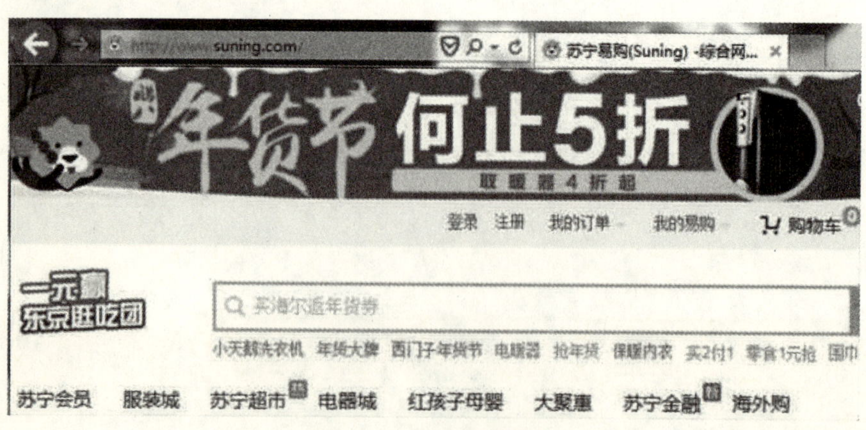

图 7-1　苏宁易购网站

(2)进入注册页面,设置登录名(一般为常用的手机号码),输入验证码和短信验证码,点击“同意协议并注册”(见图 7-2);

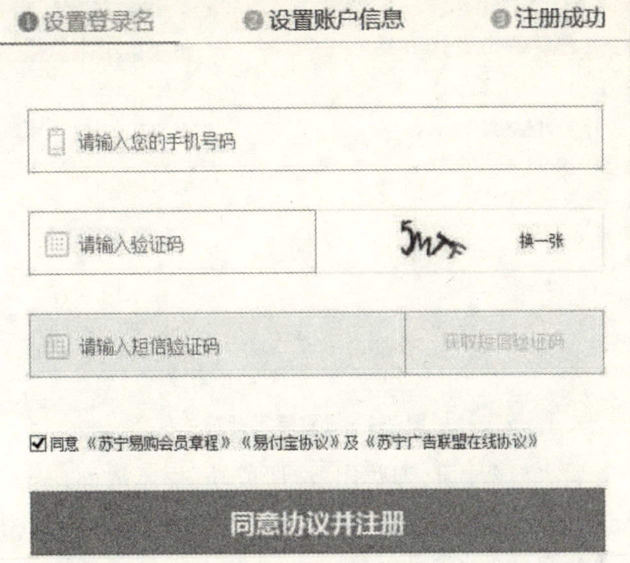

图 7-2　注册页面

(3)点击“设置账户信息”,设置账户密码(见图 7-3),点击“下一步”,设置绑定邮箱(见图 7-4);

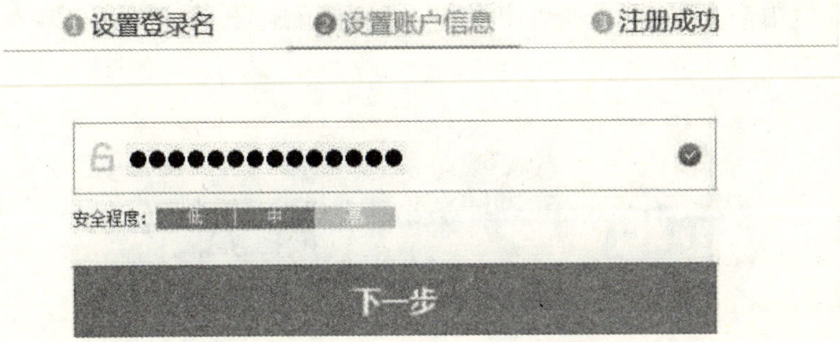

设置登录名　设置账户信息　注册成功

安全程度: 低 中 高

下一步

图 7-3　设置账户密码

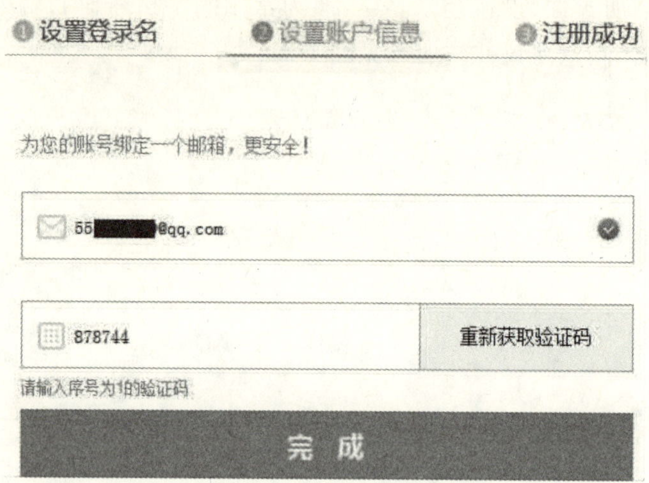

图 7-4 设置绑定邮箱

(4)绑定邮箱后,完成注册,弹跳出“注册成功”提示界面;

(5)实名认证,根据提示设置真实的身份信息和地址信息,点击“确认”→“手机绑定”,进入“我的易购”,将手机与易购账户绑定后按提示输入支付密码(不能与账户登录密码相同),完成实名认证。

(二)账户登录

(1)打开苏宁易购网站,点击页面中上部“登录”;

(2)填写用户名和密码。用户名可以是邮箱账号、手机号码、昵称(见图 7-5)。

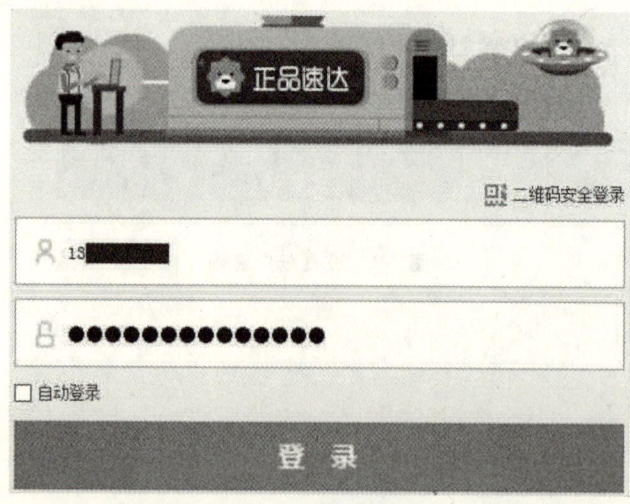

图 7-5 登录页面

(三)购买商品

1. 搜索商品

在搜索框中可输入商品名称、型号(或包含的字符),完成后点击“搜索”按钮即可(见图 7-6)。

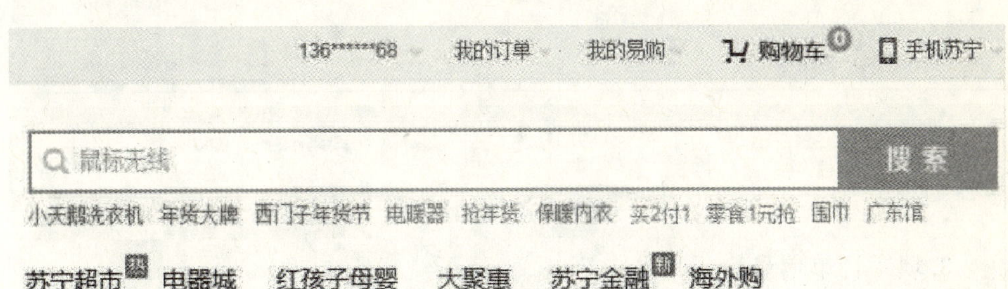

图 7-6　搜索商品

2. 加入购物车

(1)选择好想要购买的商品后,将送至地址更改为收货城市,选择相应的颜色或型号、数量。点击“加入购物车”,将该商品加入购物车(见图 7-7);

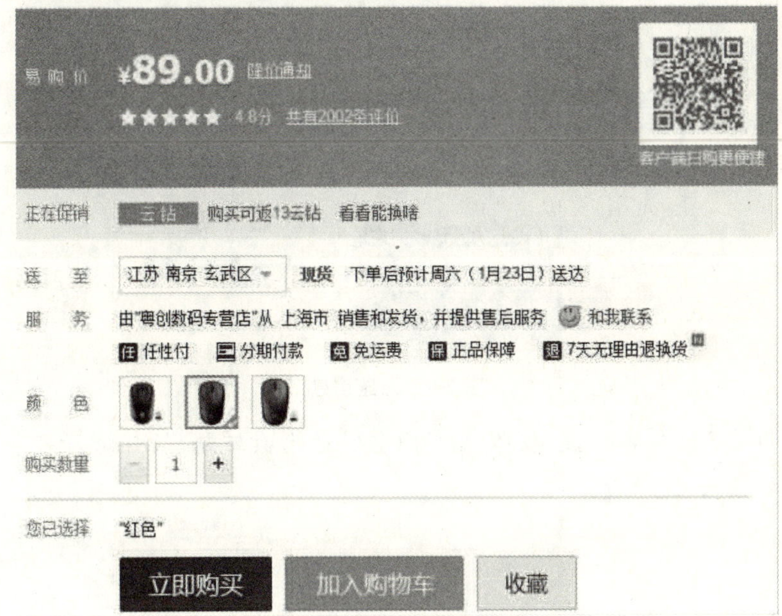

图 7-7　加入购物车

(2)成功加入购物车后,页面会跳转至“我的购物车”界面(见图 7-8)。

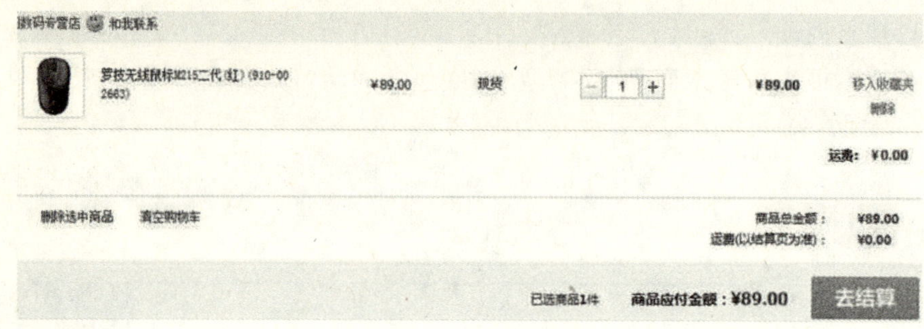

图 7-8　我的购物车

3. 填写订单信息

(1)点击“去结算”之后,系统会跳转到填写订单信息页面。将收货人、手机号码、电话、所在地区、详细地址等信息填写完整(见图 7-9);

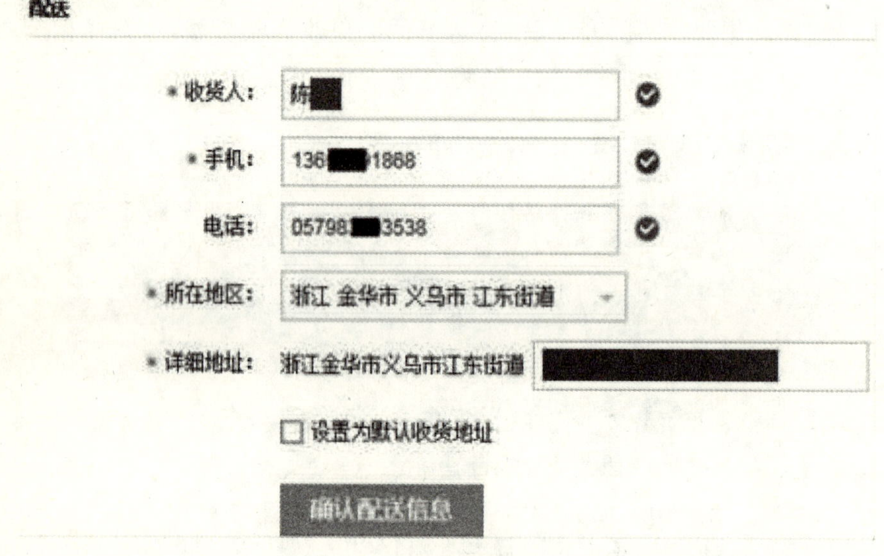

图 7-9　配送信息

(2)如果选择顾客自提,将收货人和手机号码填写完整,并选择要自提的门店(见图 7-10);

◎ 顾客自提 (免运费)　○ 苏宁配送 (免运费)
门 店:　省>　市>　选择自提门店
收货人:
手 机:
电 话:
确认收货信息

图 7-10　自提门店信息

(3)个人购买开具普通发票,发票抬头填写购买人姓名;公司名义购买开具增值税发票,填写清楚相关信息(见图 7-11)。

发票信息
发票类型:　◉ 普通发票　○ 增值税发票
发票抬头:　陈飞
+ 新增发票
☑ 我已阅读并同意《发票须知》
普通发票由第三方商家自行开具，若想开增值税发票请自行联系商家确认是否可以开具。
保存发票信息

图 7-11　发票信息

4. 网上支付

(1)确认信息无误后,点击“提交订单”(见图 7-12);

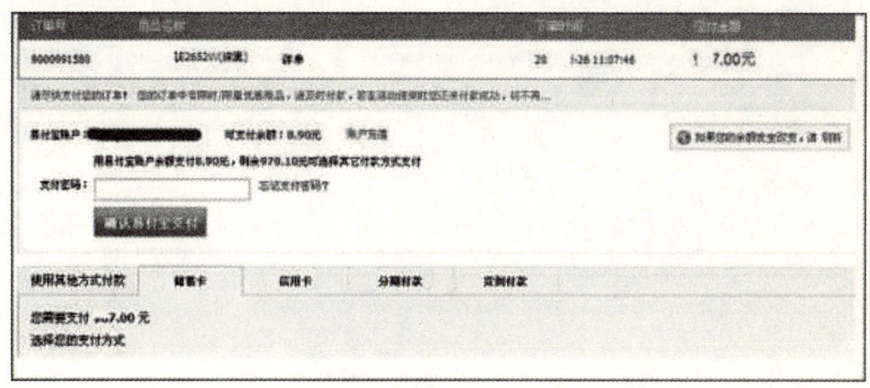

图 7-12　提交订单

(2)付款方式包括储蓄卡、信用卡、信用卡分期、网上银行等多种支付方式(见图 7-13);

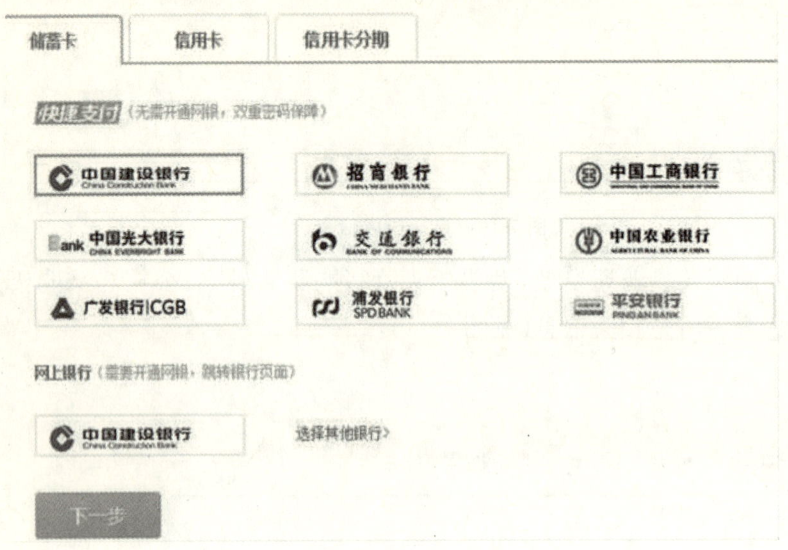

图 7-13 选择支付方式

(3)选择支付方式付款成功后,跳转出“支付成功”提示页面,成功提交订单。

(四)查询订单

1. 订单中心查询

(1)进入“我的易购”→“订单中心”可以查询订单(见图 7-14);

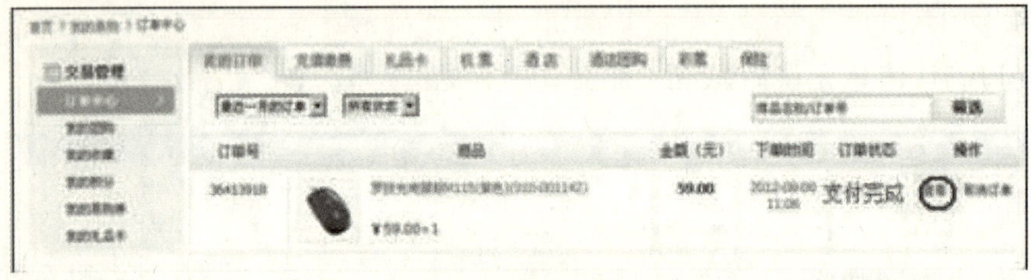

图 7-14 查询订单

(2)在订单中,点击“查看”可以查询订单号、校验码、物流送货等信息(见图 7-15)。

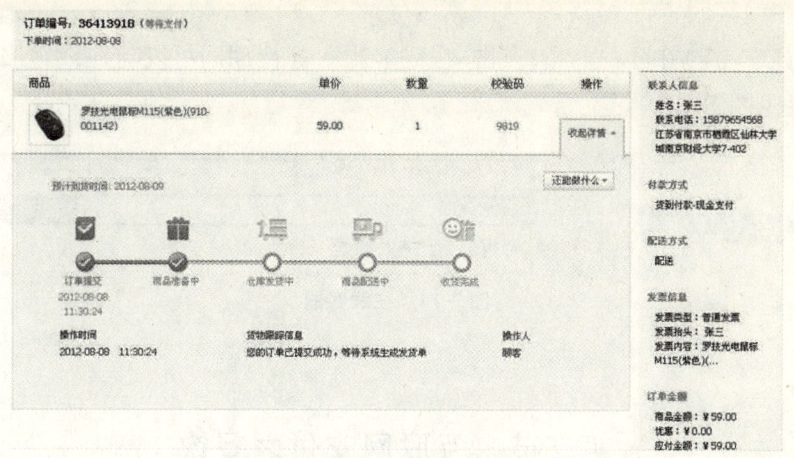

图 7-15　查询订单信息

2.服务易栈查询

(1)在苏宁易购网站首页,点击进入“服务易栈”界面,可以查询用户订单(见图 7-16);

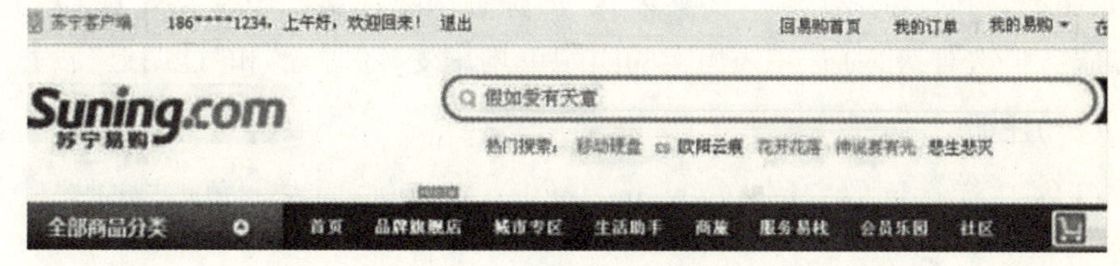

图 7-16　点击“服务易栈”

(2)进入“服务易栈”,输入会员卡号,按页面显示输入验证码,即可查询订单状态(见图 7-17)。

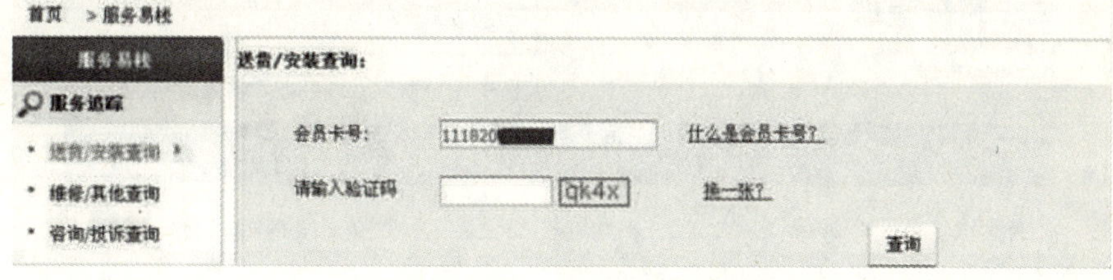

图 7-17　查询订单状态

3. 在线客服查询

在苏宁易购首页右上角,点击“在线客服”,等待期间可以与在线客服实时交流查询(见图 7-18)。

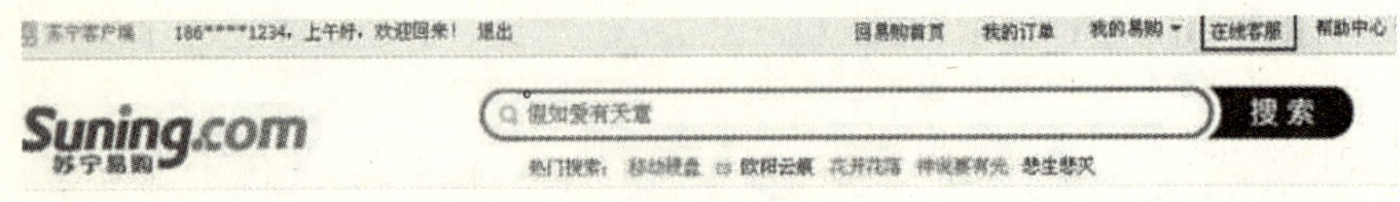

图 7-18　在线客服

第二节　互联网支付之餐饮

本节以美团网为例,介绍网上餐饮的操作流程。

美团网自 2010 年 3 月 4 日上线以来,一直努力为会员提供“本地精品消费指南”服务,同时美团网推出“团购无忧”消费者保障计划。2014 年 3 月 15 日起,保障服务再次升级,所有在线售卖的团购单均享受“随时退”和“过期退”服务。

(一)注册

(1)进入美团网的官网:www. meituan. com,在页面左上角点“注册”(图 7-19);

图 7-19　美团网官网

(2)根据页面提示填写信息(可选择邮箱注册或手机注册),完成注册(见图7-20)。

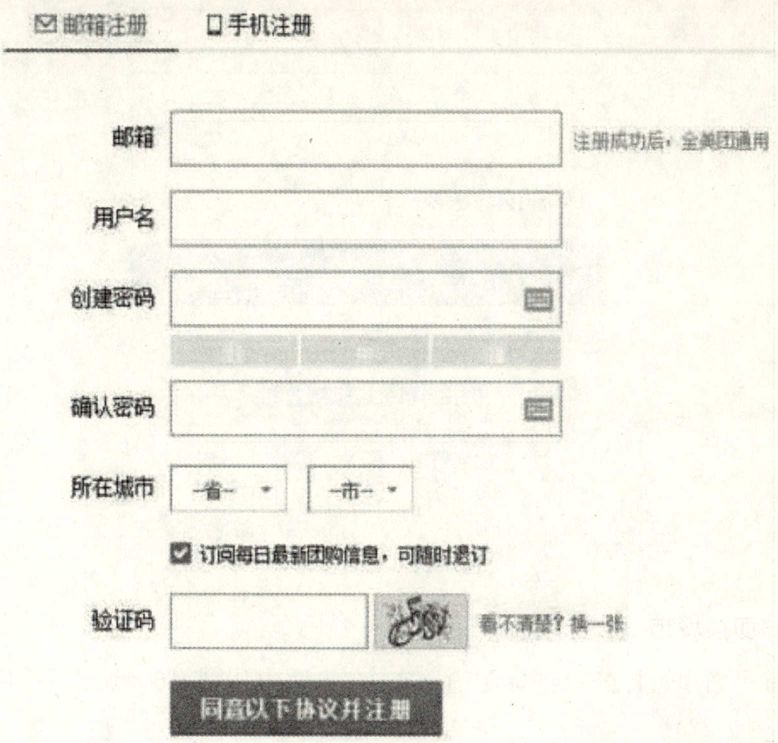

图 7-20　用户注册页面

(二)账户登录

用户注册完成后,进入美团网的官网:www. meituan. com,在页面左上角点“登录”,输入账号和密码即可登录(见图 7-21)。

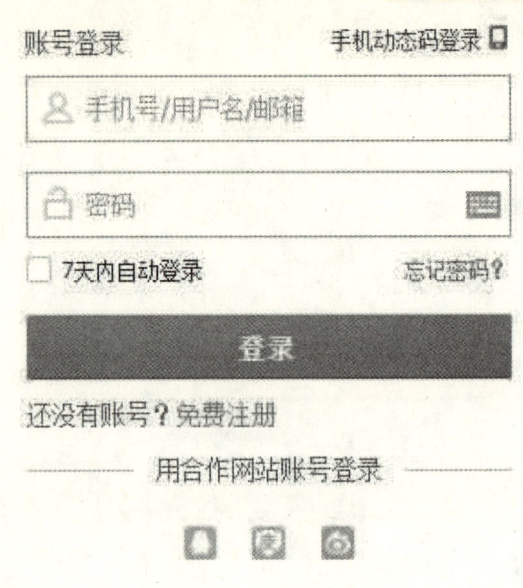

图 7-21　账户登录

(三)切换城市

在首页面中选择好自己所在的城市,在页面中找到“切换城市”选项点击并选择(见图 7-22)。

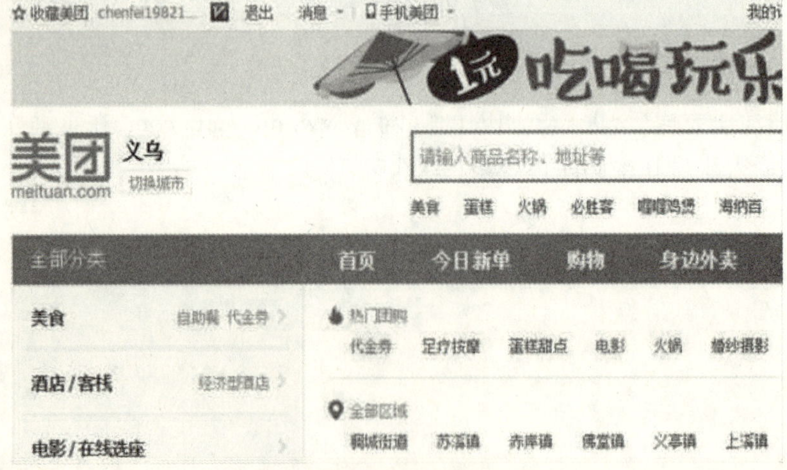

图 7-22　切换城市

(四)项目分类选择

在页面左侧有很多分类项目可供选择,点击"美食"(见图 7-23)。

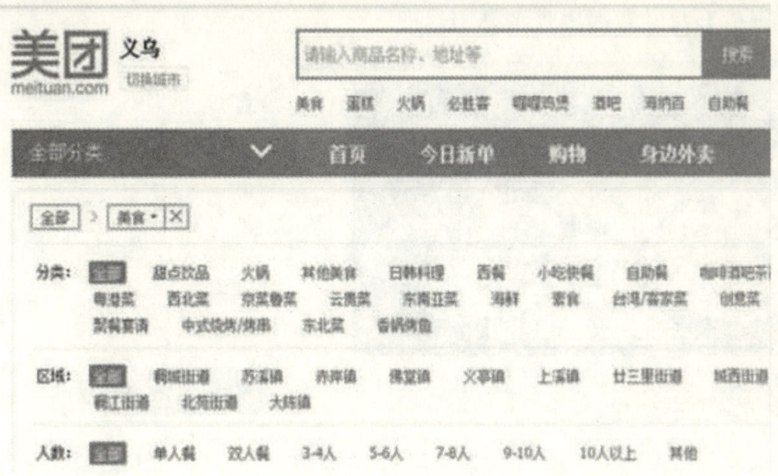

图 7-23　项目分类选择

(五)用户情况选择

可根据实际情况选择菜系、区域、人数等(见图 7-24)。

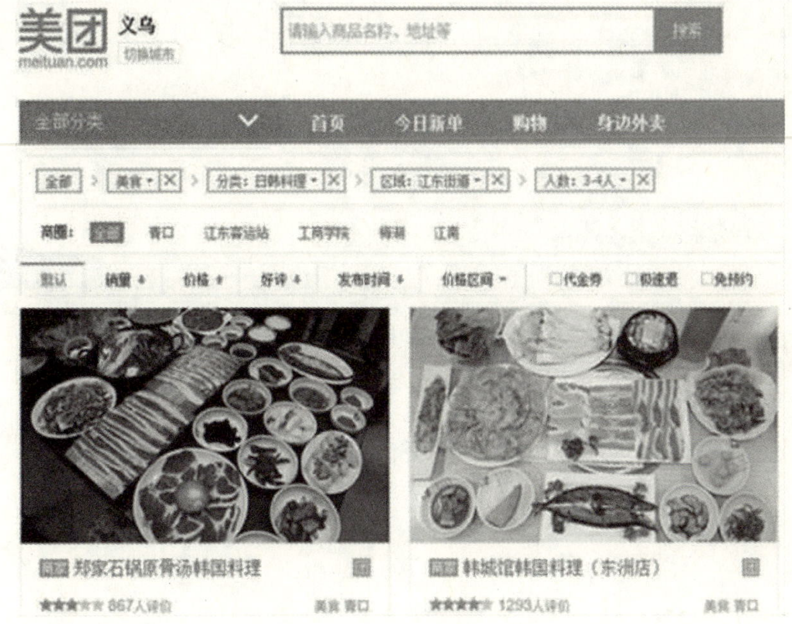

图 7-24　用户情况选择

(六)产品抢购

选中所要团购的菜单,点击“立即抢购”(见图 7-25)。

图 7-25　产品抢购

(七)提交订单

抢购成功后,即可提交订单(见图 7-26)。

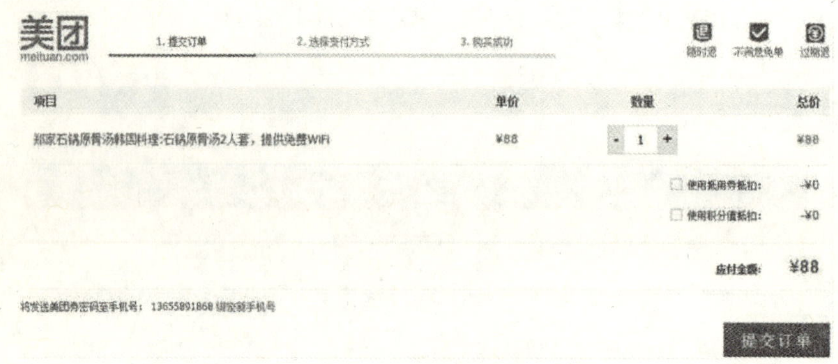

图 7-26　提交订单

(八)选择支付方式

提交订单后,选择支付方式,确认支付,完成付款(见图 7-27)。

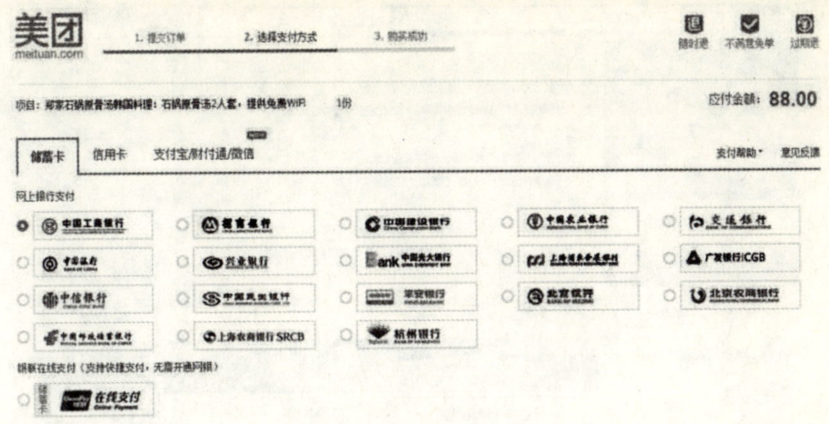

图 7-27　选择支付方式

(九)查看团购订单

在美团网官网首页，点击“我的订单”，按照订单上面的时间、地点去消费。

第三节　互联网支付之出行

买张票回家真不容易，很多朋友可能只听说过火车票网上订票官网，却不知道如何在网上订票，其实在官网上订票操作过程并不复杂，比去排队买票轻松多了。此外，网上可以提前 20 天订到票，票源更充足。下面来介绍一下火车票网上订票官网订票流程。

(一)用户注册

(1)打开火车票网上订票官网：www. 12306. cn，这是唯一的官网(见图 7-28)；

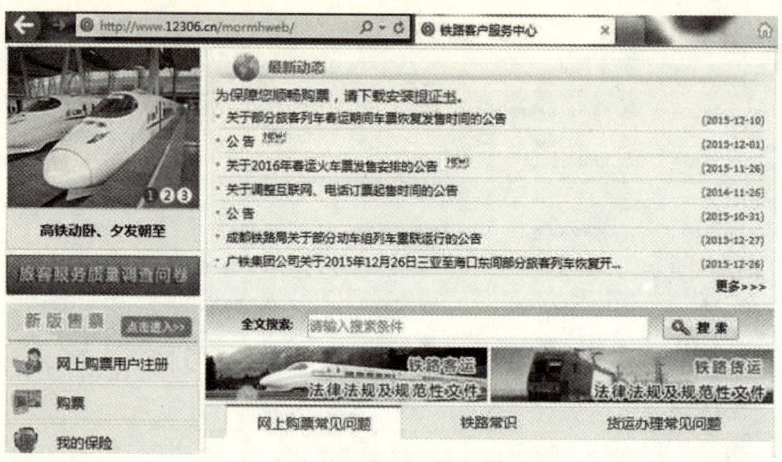

图 7-28 火车票网上订票官网

(2)订票时要用网上银行，为保障顺畅购票，要先下载并安装“根证书”，点击“根证书”下载安装即可(见图 7-29)；

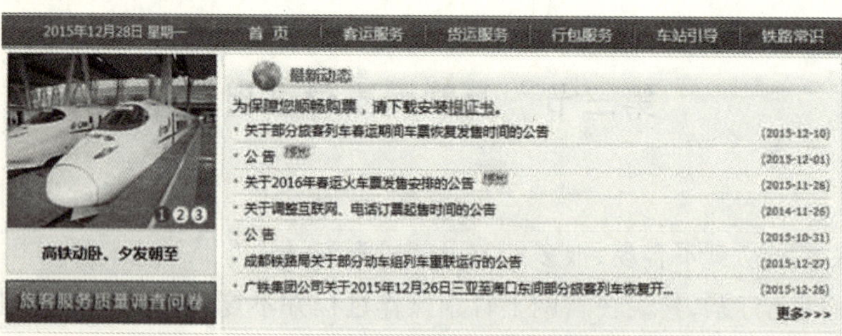

图 7-29 下载并安装“根证书”

(3)安装好“根证书”后，点击“网上购票用户注册”(见图 7-30)；

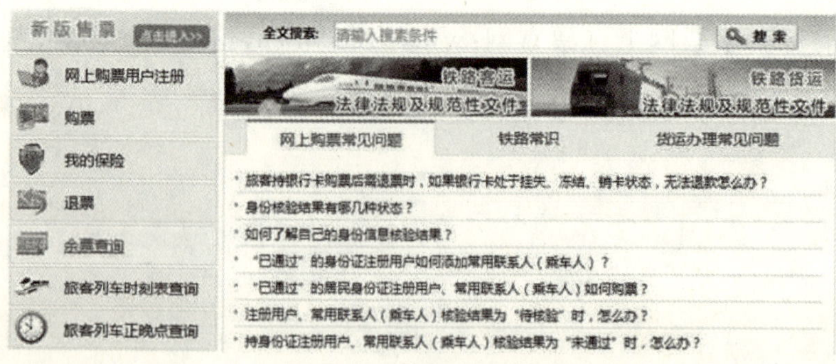

图 7-30 网上购票用户注册

(4)进入注册页面后，填写个人信息，信息一定要真实，勾选“我已阅读并同意遵守《中国铁路客户服务中心网站服务条款》”，点击“同意协议并注册”按钮(见图 7-31)；

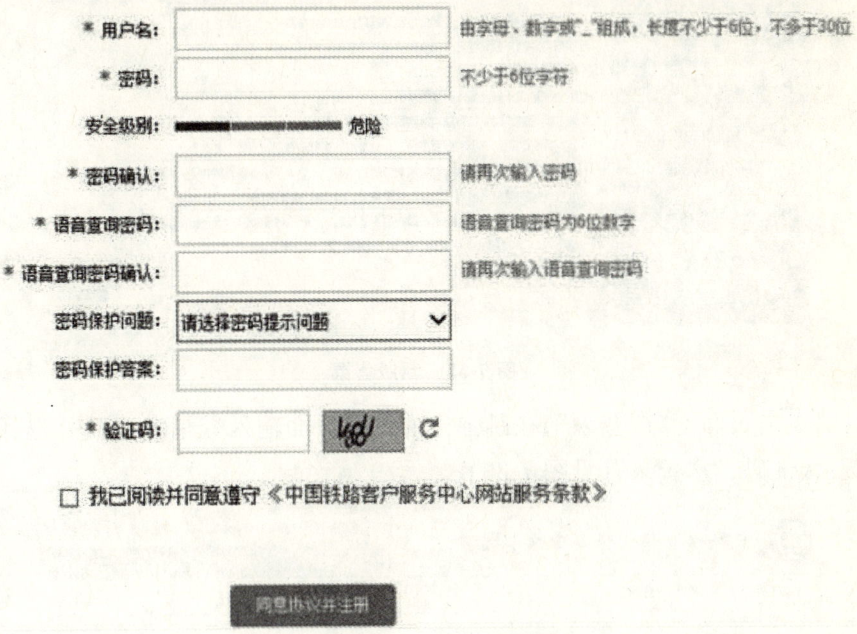

* 用户名： 由字母、数字或“_”组成，长度不少于6位，不多于30位
* 密码： 不少于6位字符
安全级别： 危险
* 密码确认： 请再次输入密码
* 语音查询密码： 语音查询密码为6位数字
* 语音查询密码确认： 请再次输入语音查询密码
密码保护问题： 请选择密码提示问题
密码保护答案：
* 验证码：
□ 我已阅读并同意遵守《中国铁路客户服务中心网站服务条款》

图 7-31　注册页面

(5)注册信息提交后，打开注册时填写的邮箱，去邮箱激活账户，完成账户注册。

(二)购买车票

(1)进入官网主页，点击“新版售票”(见图 7-32)；

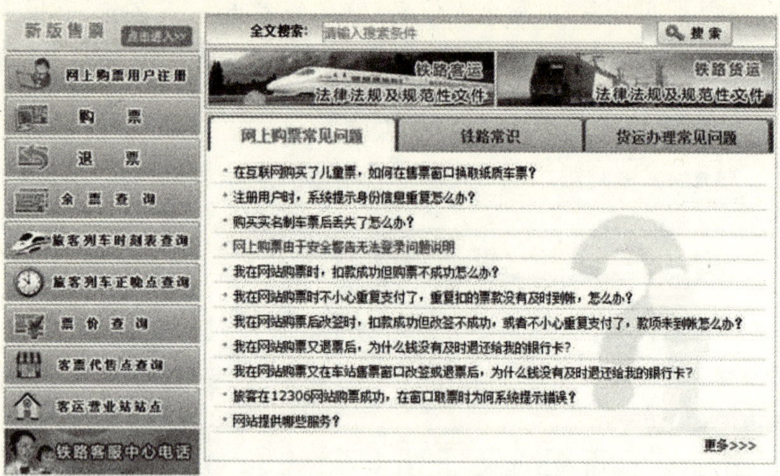

图 7-32　新版售票

(2)点击页面上方“登录”，在跳弹出的登录页面输入登录名、密码，选择指定的图形认证码，点“登录”(见图 7-33)；

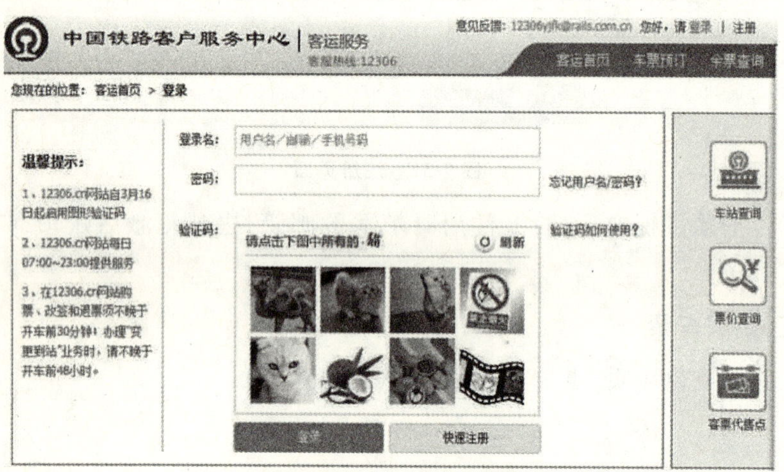

图 7-33　账户登录

(3)查询车票，点“车票预订”，选择出发地、目的地和日期，点“查询”(见图 7-34)；

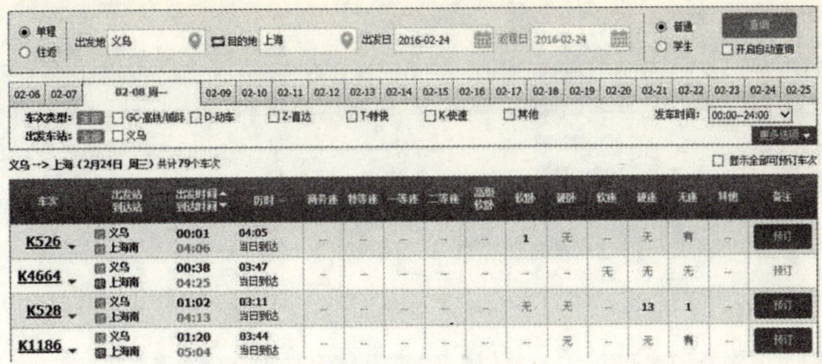

图 7-34　查询车票

(4)车票预订,点击“预订”,从常用联系人中选择乘车人、席别、票种,选择指定的图片验证码,点“提交订单”(见图 7-35);

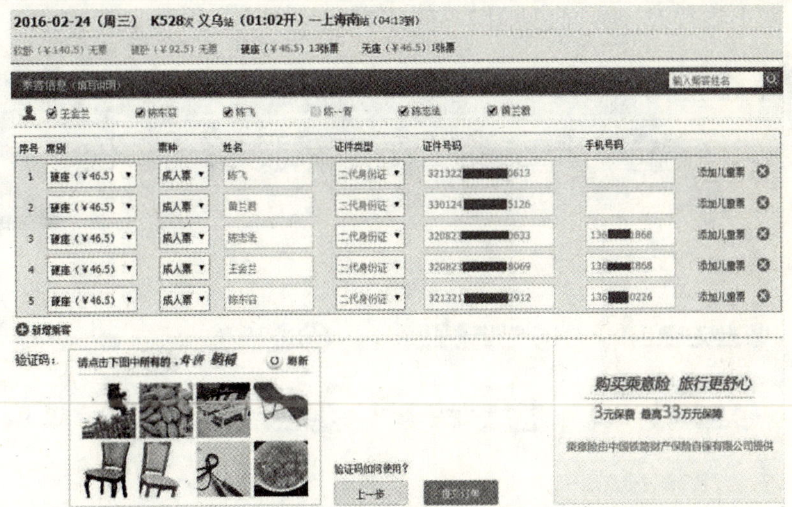

图 7-35　车票预订

(5)订单确认,进入订单确认界面,确认无误后,选择取票方式,点击“网上支付”(见图 7-36);

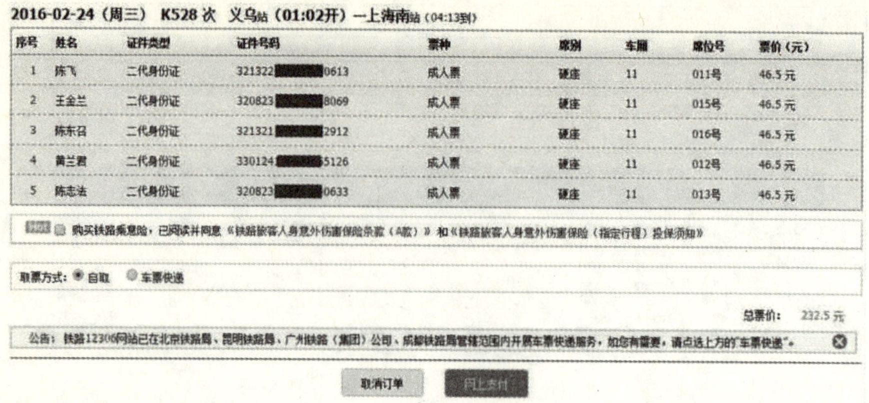

2016-02-24（周三） K528 次 义乌站（01:02开）—上海南站（04:13到）

序号	姓名	证件类型	证件号码	票种	席别	车厢	席位号	票价（元）
1	陈飞	二代身份证	321322[illegible]0613	成人票	硬座	11	011号	46.5元
2	王金兰	二代身份证	320823[illegible]8069	成人票	硬座	11	015号	46.5元
3	陈东召	二代身份证	321321[illegible]2912	成人票	硬座	11	016号	46.5元
4	黄兰君	二代身份证	330124[illegible]5126	成人票	硬座	11	012号	46.5元
5	陈志法	二代身份证	320823[illegible]0633	成人票	硬座	11	013号	46.5元

购买铁路乘意险，已阅读并同意《铁路旅客人身意外伤害保险条款（A款）》和《铁路旅客人身意外伤害保险（指定行程）投保须知》

取票方式：自取 车票快递

总票价： 232.5元

公告：铁路12306网站已在北京铁路局、昆明铁路局、广州铁路（集团）公司、成都铁路局管辖范围内开展车票快递服务，如您有需要，请点选上方的"车票快递"。

取消订单 网上支付

图 7-36 订单确认

(6)网上银行选择，旅客核对申请成功的车票信息，确认无误后点击网上支付，进入网上银行选择界面(见图 7-37)；

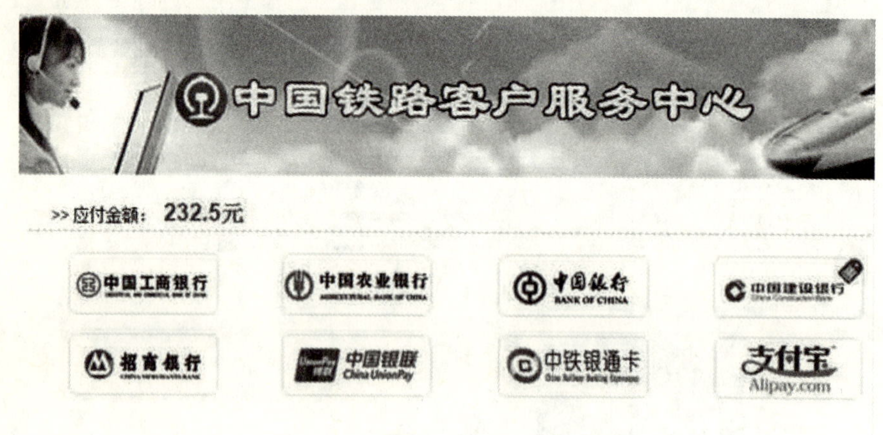

图 7-37 网上银行选择界面

(7)选择网上银行后，输入银行卡支付密码，点击“确定”后，跳弹出“购票成功”界面。